Die Sanierung unseres Aktienwesens

Von

Dr. jur. Erich Brodmann
Reichsgerichtsrat i. R.

Berlin und Leipzig 1931

Walter de Gruyter & Co.

vormals G. J. Göschen'sche Verlagshandlung — J. Guttentag, Verlagsbuchhandlung — Georg Reimer — Karl J. Trübner — Veit & Comp.

Druck von Walter de Gruyter & Co., Berlin W 10

Nach mehrjähriger, sorgfältiger Vorbereitung hat das Reichsjustizministerium den Entwurf eines Gesetzes über Aktiengesellschaften und Kommanditgesellschaften auf Aktien vorgelegt, womit ein Jeder, der sich berufen fühlt, aufgefordert wird, sich zu äußern. Dem Entwurf sind erläuternde Bemerkungen beigefügt. Außerdem haben in JW. 1930 S. 2617 ff. die Mitarbeiter das Wort ergriffen, um in freierer Aussprache persönlich die amtliche Begründung zu ergänzen.

Niemand wird dem Entwurf das Zeugnis versagen, daß er auf gründlicher Arbeit beruht und viel Vortreffliches enthält. Es ist zu rühmen, daß er von dem Bestreben getragen ist, konservativ zu verfahren, sich nicht nur nach Anordnung, sondern auch in der Sache tunlichst an das geltende Gesetz zu halten. Aber naturgemäß bringt er auch Neuerungen, und es fragt sich, ob nicht die Verfasser hier gegen gewisse von einseitiger Tendenz getragene Bestrebungen der unmittelbaren Gegenwart allzu willfährig gewesen sind. Ich vermisse in dieser Beziehung eine klare und sichere Stellungnahme des Entwurfs. Alle Vortrefflichkeit in der Gestaltung der Einzelheiten nutzt nichts, wenn die Grundlage zu beanstanden ist, ich meine die Voraussetzungen — ausgesprochene und unausgesprochene —, von welchen aus das Einzelne gedacht und gefaßt ist. Diese Frage ist das Thema gegenwärtiger Arbeit. Sie soll nicht eigentlich eine Besprechung des Entwurfs sein. Dazu müßte sie viel umfangreicher ausfallen. Es sollen unter I.—III. die drei Momente herausgegriffen und besprochen werden, welche ich für die wichtigsten des Reformwerks halte. Auf Einzelheiten wird nur hin und wieder eingegangen werden, wo die Erörterung Anlaß oder Gelegenheit dazu bietet[1]).

---

[1]) In GoldschmidtsZ. 94 S. 31 ff. habe ich den Bericht der Aktienrechtskommission des Juristentages besprochen. Es läßt sich nicht vermeiden, hier einiges zu wiederholen, was dort bereits gesagt worden ist. In Beziehung auf die Vorrechtsaktien ohne Stimmrecht bin ich inzwischen anderer Meinung geworden.

Für die Debatte ist es wichtig, daß man sich zunächst über den Standpunkt, wenn nicht einigt, so doch ausspricht, von welchem aus das Werk in Angriff zu nehmen ist. Es wird allgemein anerkannt, daß in der letzten Zeit — einem Zeitraum von noch nicht 20 Jahren — im Aktienwesen sich Neubildungen eingestellt haben, welche im Gesetz — ich will mich neutral ausdrücken — keinen Boden haben. Auch die Verteidiger dieser Entwickelung geben das zu. Sie bestreiten nur, daß es sich um eine solche contra legem handle, und glauben, einen Rechtsboden für das Geschehene damit nachgewiesen zu haben, daß sie von einer Entwicklung praeter legem sprechen. Das ist aber eine leere Wendung, mit der sich nichts rechtfertigen läßt. Es ist allgemein anerkannt, daß nach unserem Recht die Anzahl der möglichen Gesellschaftsformen geschlossen ist und daß in den Gesetzen diese Formen erschöpfend geregelt worden sind. Damit erscheint eine rechtmäßige Entwickelung praeter legem ausgeschlossen, es sei denn, daß sich die Entstehung eines Gewohnheitsrechts nachweisen ließe, was schon daran scheitert, daß die in Frage kommende Zeit dafür zu kurz ist. Eine andere Rechtfertigung, die viel Anklang gefunden hat, sucht man in der Behauptung von der wirtschaftlichen Strukturwandlung, die unsere Zeit erlebt. Richtig ist, daß eine solche Wandlung in Anschluß an Vorgänge im Ausland auch bei uns stattfindet. Es handelt sich um den Prozeß der technischen Konzentration in Produktion und Umsatz, die Vereinigung selbständiger Unternehmungen zu planvoll ineinandergreifender Betriebsführung. An und für sich ist das etwas rein Wirtschaftliches, und der damit verfolgte Zweck hängt nicht mit der rechtlichen Form zusammen, in welcher die beteiligten Unternehmungen betrieben werden. Der Vorgang und seine Auswirkungen könnten sich ebensogut im Verhältnis zwischen Einzelkaufleuten oder offenen Handelsgesellschaften abspielen. Aber tatsächlich freilich sind vorwiegend, wenn nicht ausschließlich, die korporativen Handelsgesellschaften, Aktiengesellschaft und Gesellschaft m. b. H., die Beteiligten, und es ist nicht ausgeblieben, daß man dabei deren Form und dann auch deren Recht dem Zweck anzupassen unternommen hat. Richtig! Das sind die Tatsachen. Aber nicht auf sie kommt es hier an, sondern auf ihre Rechtfertigung vor dem Gesetz. Soll es eine Rechtfertigung bedeuten, so ist auch diese Strukturwandlung nur ein leeres Schlagwort. Und so ist auch zu beanstanden, wenn in den Erläuterungen zum Entwurf (S. 94) gesagt wird, man könne aus den Vorgängen dieser ganzen

Zeit mit allen Kennern des deutschen Aktienrechts nur den Schluß ziehen, daß sich dank der Anpassungsfähigkeit unseres allgemein als vortrefflich anerkannten Gesetzes unbemerkt eine Wandlung seines Inhalts vollzogen habe. In Wahrheit kann wohl von einer Anpassungsfähigkeit des Gesetzes keine Rede sein, man müßte denn unter Anpassungsfähigkeit eines Gesetzes verstehen, daß man es mit Hilfe von Scheingeschäften umgehen kann. Es ist, wie die Dinge liegen, ausgeschlossen, alles Geschehene rückgängig zu machen, weil es nichtig sei. Aber das beruht nicht darauf und bedeutet nicht, daß sich unbemerkt eine Wandlung des Inhalts des Gesetzes vollzogen hätte. Der Grund ist ein ganz anderer. Niemand wird behaupten, daß, als man in Weimar die neue Reichsverfassung schuf, an den damals gegebenen Tatsachen die alte Verfassung ihre Anpassungsfähigkeit erwiesen habe. Zwischen beidem lag die Revolution. Ähnlich wie dort im Großen liegt es hier im Kleinen. Zwischen der Gesetzgebung von 1897 und heute liegen die Gewaltsamkeiten unseres Zusammenbruchs und des vollendeten Währungsverfalls. Die Rechtsprechung sah sich bei der Massenhaftigkeit der Erscheinungen genötigt, sie hinzunehmen, um größeres Übel zu vermeiden. So ist ein unerträglicher Zustand ex lex entstanden, dem es gilt, so schnell als möglich ein Ende zu machen. Nichts von dem, was da Neues geschaffen ist, trägt schon deshalb, weil es da ist, eine Berechtigung in sich. Es stellt die Sache auf den Kopf, wenn Netter in ZBH. 1930 S. 290 bei Gruppierung der Ansichten die Autoren, welche tunlichst am geltenden Gesetz festhalten wollen, als die radikalen Reformer bezeichnet. Gerade wir sind die Konservativen.

Ausgesprochenermaßen ist das denn auch der Standpunkt der Verfasser des Entwurfs. Darüber spricht sich Schlegelberger JW. a. a. O. wie folgt aus: »Das deutsche Handelsgesetzbuch ist ein weit über Deutschlands Grenzen hinaus in der ganzen Kulturwelt anerkanntes Meisterwerk, es ist auch in seinem aktienrechtlichen Teil die bewährte Grundlage für den innerstaatlichen und zwischenstaatlichen Wirtschaftsverkehr und eine der Säulen der bestehenden Rechtsordnung überhaupt.« Und weiter: »Diese Erkenntnis mahnt zur Besonnenheit und starker Zurückhaltung gegenüber Änderungsvorschlägen. Sie macht aber auch das Bewußtsein lebendig, daß der Besitz eines solchen Gutes verpflichtet. Nicht Epigonenvorwitz, sondern die ernste Pflicht, ein kostbares Gut getreu zu verwalten, führte zu dem Vorschlag auf Neugestaltung des Aktienrechts.«

Das ist gewiß ganz richtig. Ich glaube, daß unser Aktiengesetz überhaupt das beste ist, das es gibt. Die Frage ist nur, ob diesen Worten auch die Taten entsprechen.

Wir müssen vor allem uns Rechenschaft darüber ablegen, worauf es beruht, daß dieses unser Aktiengesetz — es kommt hier mehr die Gesetzgebung von 1884 als die von 1897 in Frage — so gut gelungen ist. Es ist das darauf zurückzuführen, daß der Gesetzgeber angesichts der damals noch nicht angekränkelten, typischen Gestaltung der Aktiengesellschaft sich ein bestimmtes, richtiges Bild von dem Wesen dieser Gesellschaftsform gemacht hat und von dieser Grundlage aus das Einzelne bestimmt hat. Das ist nicht ausdrücklich hervorgehoben worden, und gerade das Tiefste ist unausgesprochen geblieben und muß als stillschweigend und gleichsam selbstverständlich vorausgesetzt aus dem, was gesagt wird, erschlossen werden. Natürlich sind zahlreiche Bestimmungen nicht wesenhaft. Vieles ist rechtspolizeilich, anderes dient reiner Zweckmäßigkeit. Es findet sich sogar auch mindestens eine Bestimmung, welche mit dem Wesen der Sache in Widerspruch steht und mißraten ist (§ 226 HGB.). Aber das ändert nichts daran, daß in dieser Methode bei Abfassung des Gesetzes gearbeitet worden ist, der einzigen Methode, welche die Güte eines solchen Gesetzes zu gewährleisten vermag.

Ich habe nun dem Entwurf gegenüber nicht den Eindruck gewonnen, daß hier nach dieser Methode gearbeitet worden wäre. Weder dem Entwurf selbst noch der Erläuterung und deren Ergänzungen habe ich es entnehmen können.

Vor allen Dingen und im voraus hätte man sich darüber Klarheit verschaffen oder, wenn man es getan hat, sich darüber aussprechen müssen, inwiefern die Neuerscheinungen, die zur Reform drängen, mit dem geltenden Gesetz in Widerspruch stehen. Erst dann läßt sich ersprießlich abwägen, wo und wie man den Bedürfnissen des heutigen Verkehrs Konzessionen machen kann. Das soll nun hier geschehen.

I.

Es sind zwei Einbruchstellen, an welchen dieses Wesen die Aktiengesellschaft bis in das Mark hinein getroffen hat.

Ich habe an anderer Stelle (Bank-Arch. 26, 314) schon einmal darauf hingewiesen, daß sich an der korporativen Handelsgesellschaft zwei Rechtskreise zusammenfinden, tatsächlich untrennbar verbunden, rechtlich durchaus voneinander geschieden, zwei Gebiete, deren jedes sein eigenes Schicksal hat, wie auch in jedem ein Anderer herrscht, ein Anderer der dominus negotii ist. Der eine Kreis — so schrieb ich — ist das Ganze der Rechtsverhältnisse, in welche die Gesellschaft dadurch tritt, daß sie im Leben und im Verkehr steht und ihr Unternehmen betreibt. Der andere Kreis ist ihre innere Struktur, ihre Konstitution als Gesellschaft, das Ganze der Rechtsbeziehungen der Aktionäre zueinander und zur Gesellschaft. Den Gegenstand haben beide Kreise gemein, es ist ein und dasselbe Gesellschaftsvermögen, auf das sie sich beziehen, und insofern ist in Hinsicht der Größen- und Wertverhältnisse der eine Kreis eine Funktion des anderen. Im übrigen sind es getrennte Gebiete. Die gesetzliche Vertretungsmacht des Vorstandes gilt nur innerhalb jenes ersten Kreises. Im Innenverhältnis der Gesellschaft und ihrer Mitglieder zueinander hat der Vorstand grundsätzlich keine Macht und keine Verfügungsgewalt. Hier entscheiden ausschließlich die Gesellschafter selbst, und zwar, soweit nicht Sonderrechte in Frage stehen, nach Mehrheit, einfacher oder qualifizierter.

Man kann diesen Gegensatz auf ein sehr einfaches Verhältnis zurückführen. Das Lebenselement der Aktiengesellschaft ist die Aktie. Sie ist die Partikel, die, zu Tausenden zusammengefaßt, dem Ganzen das Treibende, die Seele, das Leben gibt. Die Seele der Aktie aber ist ihr Wert. Und dieser nun ist bestimmt durch zwei Momente. Das erste Moment ist die Größe des Gesellschaftsvermögens, das zweite der Quotient, das Verhältnis, in welchem die Aktie am Ganzen beteiligt ist. Und dementsprechend sind auch die Rollen verteilt. In ersterer Beziehung ist der Aktionär passiv dem hingegeben, was die Verwaltung der Gesellschaft mit deren Vermögen zu erreichen versteht. Kein Aktionär hat mitzusprechen, auch alle zusammen nicht. Umgekehrt liegt die Bestimmung über alles, was den Quotienten angeht, in der Hand des Aktionärs. Hier hat der Vorstand keine Macht. Nicht nur darf er nicht, er kann gar nicht irgend etwas auf diesem Gebiet verfügen. Während aber diese Scheidung der Zuständigkeiten in ersterem Punkt nicht ohne Ausnahme ist, unter besonderen Umständen einmal auch die Generalversammlung in die Verwaltung eingreifen kann, duldet in letzterem Punkt das Selbstbestimmungsrecht der Aktionäre nicht die geringste Ausnahme. Dieser Rechtssphäre des Aktionärs steht der Vorstand als Dritter gegenüber, in die einzugreifen er keine Macht besitzt.

Eine unmittelbare Änderung seiner Rechte braucht der Aktionär sich überhaupt nicht gefallen zu lassen. Dagegen ist er der mittelbaren Änderung, vor allem in Gestalt der Aufnahme neuer Mitglieder oder allgemein neuer Mitgliedsrechte, d. h. neuer Aktien, allermaßen ausgesetzt. Es ist das die Erhöhung des Grundkapitals. Aber auch hier ist es immer nur der Mehrheitsbeschluß der Aktionäre, dem er sich fügen muß. Die Verwaltung wäre auch dann schlechthin außerstande, eine solche Erhöhung vorzunehmen, wenn es im Gesetz nicht ausdrücklich gesagt wäre. Keineswegs muß eine Kapitalerhöhung den Stammaktionären nachteilig sein. Oft ist sie ihnen nützlich und nur erwünscht. Aber das hängt ganz von den Bedingungen ab, unter denen sie erfolgt, insbesondere von dem Ausgabekurs der neuen Aktien. Und daher kann auch in dieser Beziehung die Entscheidung nur bei den Aktionären liegen. Dabei genügt, daß sie den Mindestkurs bestimmen. Seine Überschreitung durch den Vorstand kann ihnen nur nützlich sein. Es ist nicht leicht und überhaupt nur innerhalb gewissen Spielraums möglich, den Wert der neuen Aktien zu schätzen, um so den Ausgabekurs richtig zu bestimmen. Aber immerhin bleibt die Aufgabe lösbar, wenn sie auf die Gegenwart abgestellt wird. Wird sie dagegen auf eine auch nur einigermaßen entfernte Zukunft abgestellt, so wird die Schätzung Willkür und die Bestimmung eines Ausgabekurses Spiel und Spekulation. Daher ist es deutlich genug, daß das Gesetz — freilich ohne es ausdrücklich zu sagen — in seinen Bestimmungen davon ausgeht, daß eine Kapitalerhöhung nur als eine akute, gegenwärtig durchzuführende Maßregel geschehen kann. Das gilt auch da, wo etwa ausdrücklich beschlossen wird, daß die Durchführung der Kapitalerhöhung dem Vorstand übertragen wird, was sich ohnehin von selbst versteht. Was Quassowski JW. a. a. O. S. 2620 aus Staub § 278 Erl. 9 herausliest, steht dort gar nicht. Kann der Vorstand eine Kapitalerhöhung überhaupt nicht anordnen, so kann die Generalversammlung sie nicht anders als für die Gegenwart beschließen, wie sie ja auch, wenn sie es einmal doch täte, durch kein irgendwie geartetes Rechtsgeschäft daran gehindert werden könnte, den Beschluß, wenn der Zeitpunkt gekommen ist, wieder umzustoßen oder einen etwa dem Vorstand erteilten Auftrag, die Kapitalerhöhung im geeigneten Moment auszuführen, wieder zurückzunehmen.

Man darf sich durch die Häufigkeit der einwandfreien Fälle nicht täuschen lassen über die Größe der Gefahr, welche die Möglichkeit der Kapitalerhöhung für den Stammaktionär in sich birgt. Auf den besten Schutz gegen sie, das Bezugsrecht der Aktionäre, muß oft verzichtet werden. Immerhin bleibt so die Sache in der Hand der Aktionäre. Ganz schutzlos dagegen wird der Aktionär, wenn durch Zulassung des autorisierten Kapitals, der betagten, der bedingten, also auf die Zukunft gestellten Kapitalerhöhung so gut wie gänzlich die Entscheidung den Aktionären genommen und in die Hand der Verwaltung gelegt wird. Es sind das die Methoden ausländischer Rechte, mit denen man bei Erhaltung unversehrter Substanz des Gesellschaftsvermögens die verschiedenen Aktienemissionen nacheinander entwerten und selbst dabei zum Millionär und Milliardär werden kann. Man klagt über Agiotage und sucht ihr vorzubeugen. Um was es sich hier handelt, ist die viel größere und anrüchige Gefahr der Eskamotage.

So ist es nach dem Recht, wie es bei uns geschrieben steht, und ich halte das für einen der Grundpfeiler des Aufbaues der Gesellschaftsform. Ihn will nun der Entwurf beseitigen. Er schlägt das »genehmigte Kapital« vor und die »bedingte Kapitalerhöhung« (letztere zum Zweck einer künftigen Fusion und der Ausgabe von convertible bonds, Wandelschuldverschreibungen). Obige Bedenken teilt er nicht. In den Erläuterungen und von Quassowski in JW. a. a. O. S. 2620 werden diese Vorschläge kurz begründet. Aber auf dieses Hauptbedenken wird überhaupt nicht eingegangen.

Am ehesten könnte man sich mit der Zulassung des genehmigten Kapitals abfinden. Die Vorteile, welche diese Erleichterung der Beschaffung neuer Mittel bietet, sind ohne weiteres einleuchtend. Darüber braucht man kein Wort zu verlieren. Der Entwurf ist auch bestrebt, sie mit Schutzmaßregeln zu umgeben. Aber diese sind recht schwächlich ausgefallen und können wohl auch nicht anders ausfallen, wenn die Sache brauchbar sein soll. Daß die Ermächtigung des Vorstandes, nach Bedarf Kapitalerhöhungen vorzunehmen, im Statut — dem ursprünglichen oder nachträglich geänderten — vorgesehen sein muß, ist selbstverständlich, will aber als Schutzmaßregel herzlich wenig bedeuten. Denn im wesentlichen kommen doch Inhaberaktien in Frage, und wer von den Tausenden, die solche erwerben, kennt denn das Statut und wo sind bereits nach wenigen Jahren noch die Gründer? Und auch hiervon abgesehen, können zwar die Gründer, die selbst die Bestimmung — wie angenommen werden muß, wohlüberlegt — vereinbart haben, sich über nichts beschweren. Wohl aber würde bei einer Statutenänderung die Minderheit die Einbuße an ihrem Recht gegen ihren Willen hinnehmen müssen. In dieser Beziehung ist folgendes zu bedenken.

Streng genommen ist das Recht des Aktionärs aus der Aktie, insbesondere also das Recht auf die durch seinen Aktienbesitz bestimmte Quote seiner Beteiligung am Ganzen, ein Sonderrecht. Es war eine bewußte Konzession an das unabweisbare Bedürfnis, daß man die Erhöhung des Grundkapitals durch Mehrheitsbeschluß, in der Regel durch qualifizierten Mehrheitsbeschluß zugelassen hat. Nur zögernd ist man dann Schritt für Schritt weitergegangen. Es gab Lagen, wo man nur unter Zusicherung von Vorrechten auf Eingang neuen Geldes rechnen konnte, und wiederum ließ man fünf grade sein und meinte, der Minderheit zumuten zu können, daß sie die Beeinträchtigung ihrer Rechte hinnehme, wenn die Mehrheit — namentlich eine qualifizierte Mehrheit, bei der man es m. M. zwingend hätte belassen sollen — die Maßregel verlange. Nur mit Widerstreben, und endgültig erst durch Eingreifen der Gesetzgebung hat man schließlich zugegeben, obwohl dieser Schritt gegenüber dem vorigen ein verhältnismäßig kleiner war, daß durch Mehrheitsbeschluß bereits begebene Aktien gegen Zuzahlung mit Vorrechten ausgestattet würden. Jetzt soll nun wieder ein Schritt, und zwar ein Schritt viel einschneidenderer Art weiter getan werden. Jetzt soll den Aktionären überhaupt die Verfügung über die Quote ihrer Beteiligung am Vermögen der Gesellschaft aus der Hand genommen und ohne jeden Schutz dem Vorstand in die Hand gegeben werden. Denn das für den Wert ihrer Aktie Entscheidende ist nicht die Erhöhung des Grundkapitals an sich, ist vielmehr die Höhe der Einlage, welche auf die neuen Aktien eingezahlt wird, ist deren Ausgabekurs. Formell könnte ja im Statut oder im Kapitalerhöhungsbeschluß ein Mindestkurs — ebenso wie es für den Regelfall in § 278 Abs. 3 HGB. vorgeschrieben ist — festgesetzt werden, wie ja auch ein solcher mit dem Nennbetrag der Aktie unter allen Umständen gegeben ist. Aber sachlich hätte das keinen Wert. Es ist natürlich ganz unmöglich, im voraus zu wissen, wie nach einem oder zwei Jahren oder noch später das Vermögen der Gesellschaft sich gestaltet haben wird und wie hoch dann mindestens die Einlage auf die neuen Aktien sein muß, damit die alten Aktien nicht verwässert werden. Jetzt kann man die Aktionäre nicht mehr fragen. Denn das ist ja der Sinn des genehmigten Kapitals, daß diese sich im voraus die Hände binden. Damit wird schlimmsten Mißbräuchen in einer Weise Tür und Tor geöffnet, die unser ganzes Aktienrecht auf eine tiefere Stufe der Qualität hinabdrücken würde.

Es gäbe aber ein Mittel, alle Bedenken zu beseitigen. Man brauchte nur zwingend zu bestimmen, daß bei dieser Art von Kapitalerhöhung das Bezugsrecht der Aktionäre nicht ausgeschlossen werden kann. Ich sehe nicht, warum das nicht sollte geschehen können. Wenn die Sache wirklich nur den Zweck hat, die Beschaffung neuer Mittel je nach Bedürfnis des Unternehmens und nach Lage des Geldmarktes zu ermöglichen, kann das Bezugsrecht der Aktionäre nicht störend wirken. Der Aktionär ist nicht genötigt, es auszuüben, und der Gesellschaft kann es gleichgültig sein, von wem das Geld kommt. Das einzige wäre, daß diese Art von Kapitalerhöhung dann für Sacheinlagen nicht verwendbar wäre. Das wäre aber schon an und für sich wünschenswert, weil bei Sacheinlagen die Transaktion noch undurchsichtiger wird.

Nebenbei möchte ich mir gestatten, bei dieser Gelegenheit zweierlei anzuregen.

In § 150 des Entw. sollte ausdrücklich gesagt werden, daß bei Kapitalerhöhung unter Sacheinlage das Bezugsrecht der Aktionäre eo ipso ausgeschlossen ist.

Wichtiger ist, daß zu erwägen wäre, ob nicht überhaupt die Sacheinlage beseitigt werden soll, ob nicht nur Geldeinlage in Verbindung mit Sachübernahme zuzulassen wäre. Es würde dann die Gesellschaft, wenn sie mit einer Sacheinlage übervorteilt wird, in der Verfolgung ihrer Ansprüche in höchst wünschenswerter Weise freier gestellt sein (übrigens auch der Sacheinbringer).

Entsch. des Reichsgerichts in Zivilsachen Bd. 68 S. 274, Bd. 100 S. 176; vgl. auch Bd. 18 S. 71; ferner mein Aktienrecht § 186 Erl. 4a und e, § 279 Erl. 2a.

Bedenklicher noch und zugleich unnötiger als das genehmigte Kapital scheint mir die bedingte Kapitalerhöhung zu sein.

Sie soll zwei Zwecken dienen. Erstens soll sie dem convertible bond den Weg ebnen. Darüber, wie wenig wünschenswert es nach meiner Ansicht ist, diese amerikanische Einrichtung auf deutschen Boden zu verpflanzen, habe ich mich im Bank-Archiv Bd. 26 S. 311 ausgesprochen. Ich will das dort Gesagte hier nicht ausführlich wiederholen. Die Summe ist, daß der convertible bond eine Erfindung ist, mit der auf die Spielsucht der amerikanischen Bevölkerung spekuliert wird. Der Vorstand gibt mit dem Papier dem Geldgeber eine Chance in die Hand, die, wenn sie zu seinen Gunsten ausschlägt, nicht auf Kosten der Gesellschaft und des Unternehmens, sondern auf Kosten der Aktionäre geht. Soviel ich weiß, haben diese meine Ausführungen bisher eine Erwiderung, geschweige denn eine Widerlegung nicht gefunden. Auch die Erläuterungen und ihre Ergänzungen gehen auf diese Seite der Sache nicht ein.

Nebenher sei hier für alle Fälle auf folgendes hingewiesen. In § 164 des Entw. ist bestimmt:

> Werden convertible bonds für einen geringeren Betrag als den Nennbetrag ausgegeben (offenbar ist als selbstverständlich vorausgesetzt, daß Nennbetrag der Obligation und Nennbetrag der Aktie sich decken; eine ausdrückliche Bestimmung dieses Inhalts habe ich nicht entdecken können; oder ist gemeint: für einen geringeren Betrag als den Nennbetrag der Aktie?), so darf der Umtausch nur erfolgen, wenn der Unterschied zwischen dem Ausgabebetrag und dem Nennbetrag der Schuldverschreibungen (also doch der Schuldverschreibung) durch Einzahlungen des Umtauschberechtigten oder aus einem Reservekonto der Gesellschaft aufgebracht wird.

Also, Kautel gegen verschleierte Unterpari-Emission (wobei durch die ganze Emission hindurch in Bausch und Bogen soll gerechnet werden dürfen). Das ist zutreffend, soweit Zuzahlung vorgeschrieben ist. Dagegen muß die Zulässigkeit, das Disagio aus einem Reservekonto zu decken, doch wohl abgelehnt werden. Denn das bedeutet, daß nicht die Inhaber der Obligationen, sondern die Aktionäre das Disagio bezahlen müssen. Der einzige Trost, den die Erläuterung den so Betroffenen zu geben weiß, ist, daß der Betrag nicht erheblich sei, was für die Inhaber der Schuldverschreibungen ebenso gilt wie für die Aktionäre. Immerhin können es z. B. bei einer Gesamtschuld von 500 000 M. 10 000—15 000 M., wenn nicht noch mehr, sehr wohl sein. Aber auch unerhebliche Lasten legt man nicht von Gesetzes wegen auf fremde Schultern. Und was das Interesse der Gläubiger der Gesellschaft an der Sache angeht, so ist die Behauptung Quassowskis (JW. a. a. O. S. 2620 f.), daß für sie die Deckung aus einem Reservekonto günstiger sei als die Einzahlung, weil dann der Betrag von dem Reservekonto abgebucht und dem Grundkapitalkonto zugeführt und dadurch fester gelegt werde, offenbar nicht zutreffend. Wenn zugezahlt wird, steigt ebenfalls das Grundkapitalkonto um den Betrag, aber das Reservekonto bleibt dann bestehen.

In zweiter Linie soll die bedingte Kapitalerhöhung der Erleichterung von Fusionen dienen. Auf den ersten Blick ist das nicht verständlich. Denn nach dem Entwurf erfordert die Fusion in allen Fällen bei beiden Gesellschaften einen Beschluß der Generalversammlung, und es ist doch keine Beschwer, wenn dann die Generalversammlung der aufnehmenden Gesellschaft zugleich über die Kapitalerhöhung zu beschließen hat. Erst wenn man den § 213 des Entw. liest, sieht man, worauf es abgesehen ist:

> Ist der Verschmelzungsvertrag in der Weise geschlossen worden, daß seine Wirkung erst zu einem mehr als 20 Jahre hinausliegenden Zeitpunkt eintreten soll, so kann die übertragende Gesellschaft (nur sie?) den Vertrag nach 20 Jahren kündigen.

Es soll also die Generalversammlung sich bis auf 20 Jahre hinaus festlegen können. Das scheint mir unannehmbar zu sein. Die Fusion ist ein kniffliges Rechtsgeschäft, kniffliger noch als die Kapitalerhöhung, weil es überaus schwierig ist, die Vermögenslage beider Gesellschaften und überdies das beiderseitige Interesse an der Vereinigung abzuschätzen, um danach das Umtauschverhältnis gerecht zu gestalten. Ist das schon schwierig, wenn die Schätzung auf die Gegenwart abgestellt wird und auf die gegenwärtige Ansicht der kommenden Dinge, so hat eine solche Abschätzung auf 10 oder 20 Jahre hinaus in die Zukunft hinein überhaupt keinen ernsthaft zu nehmenden Wert mehr. Mir fehlt der Einblick in die tatsächlichen Vorkommnisse dieser Art. Aber ich halte es — vorbehaltlich der Belehrung eines besseren — für unmöglich, einen Fusionsvertrag auf z. B. 10 Jahre hinaus in allen wesentlichen Punkten, den Essentialien des Vertrages, mit der Bestimmtheit abzuschließen, welche nach allgemeinen Rechtsgrundsätzen ein Vertrag haben muß, um gültig zu sein. Dabei kann man die §§ 158 Abs. 2, 159 Abs. 1 Z. 1 Entw. mit dem Hinweis auf § 147 nur so verstehen — was ja auch unbedingt der Fall sein muß —, daß der Generalversammlung heute schon der in allen diesen wesentlichen Punkten fertige Vertrag zur Beurteilung und Entschließung vorgelegt werden muß. — Mit dem Kündigungsrecht ist wenig geholfen. Erstens, warum soll es nur der einen Gesellschaft zustehen? Sodann aber: Wenn die heute vereinbarte Fusion nach 20 Jahren eintreten soll, dann muß sie verwirklicht werden, wie auch immer die Verhältnisse sich gestaltet haben mögen; soll es dagegen nach 21 Jahren oder später geschehen, dann kann die übertragende Gesellschaft die Fusion vereiteln, wenn sie in der ersten Hälfte des 21. Jahres kündigt. Ich glaube, daß, wenn das Gesetz wird, die Dinge stärker sein werden als die Worte. Wir haben es doch erlebt, daß auf das festeste vereinbarte Interessengemeinschaften schon nach wenigen Jahren einfach auseinanderbrechen mußten. Und warum gerade 20 Jahre? Das ist doch ganz willkürlich. Kurz, man gewinnt den Eindruck, daß hier der Entwurf von gewisser Seite laut gewordenen Wünschen entgegenkommen will und das mit einer Einschränkung zu beschönigen sucht, die eine Einschränkung praktisch gar nicht ist.

Das Ergebnis, zu welchem ich gelange, wäre also, daß das »genehmigte Kapital« unbedenklich ist, wenn dabei kraft zwingender Vorschrift das Bezugsrecht der Aktionäre gewahrt bleibt, daß dagegen die »bedingte Kapitalerhöhung« unannehmbar ist.

Mag man sich nun so oder anders entschließen, wichtig ist, daß man dabei weiß, was man tut. Es handelt sich um den ersten bedenklichen, schwerwiegenden Schritt. Will man ihn tun, dann sind die weiteren Fragen der Ausgestaltung von untergeordneter Bedeutung, und es steht nichts mehr im Wege, allen Wünschen der Finanzwelt zu willfahren.

II.

Der zweite der beiden Einbrüche, von denen ich sagte, hat die Aktie getroffen.

Die Aktiengesellschaft ist Kapitalgesellschaft und baut sich auf der Aktie auf. Diese ist die Zelle, aus deren vielen das Ganze besteht. Und der Kern der Zelle ist die Einlage. Es handelt sich ausschließlich um Vermögen und Vermögensrecht, und das Geldinteresse des Einzelnen, der vielen Einzelnen, ist das Lebensprinzip, der Lebenstrieb der Gesellschaft. Die juristisch-technische Zusammenfassung der Atome zu einem neuen, selbständigen Ganzen ändert an dieser Wirklichkeit des Lebens nichts. Und so ist denn auch die Einlage Grund, Ursache, Quelle der Gesamtheit der Rechtsbeziehungen, in welchen der Einzelne zum Ganzen steht, mit einem Wort, der Aktie. Und daher ist das oberste Prinzip: soviel Einlage, soviel Rechte. Die Zwischenfälle des Lebens, die unabweislichen Bedürfnisse des Verkehrs, die Forderungen praktischer Vernunft machen Ausnahmen nötig. Es ist absolut überflüssig und nach meiner Meinung unzulässig, gleich bei der Gründung der Gesellschaft andere als Stammaktien auszugeben. Aber im Fortgang der Dinge kann die Ausgabe von Vorzugsaktien erwünscht und ihr Verbot unerträglich werden.

Dabei indessen muß es bleiben — es ist das durch den Begriff der Aktie gegeben —, daß Grundlage und Rechtfertigung auch der Rechte aus der Vorzugsaktie die Einlage bildet.

Dieses nun hat man sich ganz und gar aus dem Sinn geschlagen und hat jenes bunte Vielerlei von Leeraktien in die Welt gesetzt, bei denen eine Einlage überhaupt nicht oder nur scheinbar eine Rolle spielt oder gespielt hat und die nur den Zweck haben, Personen die Macht eines Aktionärs zu verleihen, ohne daß sie Aktionäre sind. Das war natürlich nicht möglich, ohne daß man sich über zwingende Bestimmungen des Gesetzes hinwegsetzte. Man höre, wie in der Antwort des Anwaltvereins auf die Fragen des Reichsjustizministeriums dieser Zustand geschildert wird (I S. 63):

»In zahlreichen Fällen werden Vorratsaktien durch Erhöhung des Grundkapitals mittels Übernahme von Aktien für Rechnung der Gesellschaft durch Zeichnung eines Vertreters, eine Bank oder ein Konsortium, gebildet. Die Gesellschaft kann das Geld zur Einzahlung geben. Das geschieht fast nie. Oder die Bank zahlt ein und erhält die Einlage zurück. Oder, und das ist das häufigste, sie kreditiert den Aktienbetrag der Gesellschaft. Das braucht nicht ausdrücklich verabredet zu werden. Es ist selbstverständlich. Ebenso auch, daß sie ihr vorgelegtes Kapital zurückerhält. Der erzielte Gewinn beim Weiterverkauf ist ebenso selbstverständlich der Gesellschaft auszufolgen. Bank und Konsortium erhalten nur eine Vergütung für ihre Tätigkeit. Nicht selten ist die Gesellschaft selbst, jedenfalls der Aufsichtsrat, am Konsortium beteiligt«.

So spricht nicht der Verfasser der Antwort, der unser Aktienrecht kennt und weiß, was in dem Gesetz steht. Er gibt nur wieder, wie der Verkehr spricht und denkt. So sprechen und handeln die Aktiengesellschaften, die größten am augenfälligsten, ihr Vorstand und Aufsichtsrat, Anwälte und Rechtsbeistände. Sie predigen frei heraus, wie unverhohlen sie das Gesetz umgehen, und behaupten, das Gesetz sei zuschanden geworden an ihrem besseren, am richtigen Recht! Übrigens finden sich auch Stellen, wo der Verfasser der Antwort aus eigenem ebenso spricht (1, S. 146): »Werden Stimmrechtsaktien für Rechnung der Gesellschaft eingezahlt, so sind sie als Vorratsaktien zu behandeln.« Da hätten wir die generatio aequivoca, das Kapital, das sich aus sich selbst erhöht.

Wir stehen hier an der wichtigsten Stelle des Reformwerks. Der Art, wie hier der Entwurf eingreifen will, fehlt es nach meiner Auffassung an der erforderlichen Energie. Er unterscheidet zwischen Stimmrechtsaktien und Vorratsaktien, unter letzteren die Aktien verstehend, welche für Rechnung der Gesellschaft übernommen werden (die Bezeichnung Vorrats- oder Verwaltungsaktie kommt im Text des Gesetzes nicht vor). Beides soll nunmehr — unter allerlei Einschränkungen — gesetzlich sanktioniert werden.

Soviel ich sehe, hat die Sache nicht mit der Vorratsaktie angefangen. Den Anfang hat die Stimmrechtsaktie gemacht. Erst an ihr und aus ihr ist die Vorratsaktie geworden [1]). Und für die Stimmrechtsaktie hat nun allerdings seinerzeit ein triftiger Grund vorgelegen. Sie ist ein Kind unseres Währungsverfalls. Damals lagen unsere Aktien für den Ausländer auf der Straße. Er brauchte nur zuzugreifen. Sie kosteten ihm nichts oder so gut wie nichts. Da galt es einen Schutz gegen die Übermacht der Zahlungskräftigen. Das Mittel war, man schuf Stimmrechte, die ebenfalls nichts kosteten, auch dem Inländer nicht. Geschehen konnte das nur durch eine Erschleichung. Nach dem Gesetz gab es kein Stimmrecht ohne Aktie. Aber es galt Notwehr. So nannte man also Aktie, was man schuf, man griff zur Scheinaktie, der gerade das Wesentliche der Aktie, die Einlage, eine wirkliche Einlage fehlte, fehlen sollte und mußte. Aber Grund und jede Art von Rechtfertigung dessen fielen fort, als unsere Valuta wiederhergestellt war. Von diesem Zeitpunkt an hätte von Rechts wegen keine Stimmrechtsaktie dieser Art mehr geschaffen werden dürfen. Aber man hatte die Sache kennengelernt, und die vielleicht anfangs noch herrschende Scheu war verflogen. Jetzt kann man sich nicht entschließen, ein Mittel wieder aus der Hand zu geben, mit dem man ohne Aufwand die Gesellschaft beherrscht, und man war gewahr geworden, wie trefflich diese Art von Aktien sich als Vorratsaktien zu Finanzierungszwecken verwenden lassen. Die Erwartung, daß man aus freien Stücken sie wieder aus

---

[1]) Geiler sagt in seinem dem Wirtschaftsausschuß erstatteten Gutachten (Verhandlungen und Berichte S. 72), daß wirtschaftlich die Vorrats- und Verwertungsaktien »hauptsächlich« zwei Entstehungsursachen gehabt hätten oder noch hätten, einmal das bisherige Fehlen der Möglichkeit dinglich bindender Aktienoptionen, sodann eine bessere Ausnützung der Kapitalerhöhung, als dies bei einer sofortigen endgültigen Regelung möglich ist. M. W. ist ersteres Bedürfnis nach der Ausgabe von convertible bonds erst verhältnismäßig spät und nur bei ganz wenigen großen Gesellschaften aufgetreten, ein auch nur einigermaßen allgemein empfundenes überhaupt nie gewesen. Auch dem an zweiter Stelle genannten Motiv gegenüber muß man skeptisch sein, solange die Behauptung nicht durch Tatsachen belegt wird.

der Welt schaffen würde, hat sich bisher nicht erfüllt. Eine anfänglich einsetzende Bewegung in dieser Richtung ist wieder abgeflaut.

Über den Wert oder Unwert der Stimmrechtsaktien in Beziehung auf ihre Verwendbarkeit im Gesellschaftsleben zu streiten hat gar keinen Zweck. Allgemeines läßt sich darüber nicht sagen. Sie kann bei der einen Gesellschaft nützlich sein, bei der anderen von Übel, sie kann bei ein und derselben Gesellschaft bald das eine, bald das andere sein, und obendrein wird es in allen Fällen immer zwei Parteien geben, von denen die eine die Sache preisen wird, die andere sie verdammen. Selbst gegenüber der Allgemeingültigkeit, daß sie die Stellung der Verwaltung stärken und der Geschäftsführung eine gewisse Stabilität verleihen können, muß man einerseits wieder fragen, ob es denn in allen Fällen ausgemacht ist, daß gerade die Verwaltung auf dem rechten Wege ist und nicht vielmehr die Opposition recht hat. Anderseits ist keineswegs sicher, daß die Verwaltung auch immer der Stimmrechtsaktien Herr bleibt. Der allgemeine Gedanke, daß die Stellung der Vorstandsmitglieder und vielleicht auch der Mitglieder des Aufsichtsrates stärker werden muß, als sie im geltenden Recht ist, hat volle Berechtigung. Darüber habe ich mich an anderer Stelle ausgesprochen (GoldschmidtsZ. 94 S. 49). Es sollte bestimmt werden, daß Vorstandsmitglieder nur aus wichtigem Grunde abberufen werden können. Und wenn das noch nicht genügt, warum sollte man dann nicht offen das tun können, was jetzt durch Scheinwesen getan wird, und im Statut neben den Aktionären so und so viel Stimmen der Verwaltung geben? Dann weiß man doch, woran man ist und wen man vor sich hat.

Es ist im hohen Grade beachtlich, daß vor dem Enquete-Ausschuß 1927 gerade die Sachverständigen aus der Kaufmannschaft — eigentlich ohne Ausnahme — sich gegen die Stimmrechtsaktie ausgesprochen haben. An erster Stelle und mit großer Entschiedenheit kein geringerer als der Geh. Kommerzienrat Hagen. Die Juristen haben ihm darob hart zugesetzt. Aber er ist fest darin geblieben, daß man das Bestehende bestehen lassen solle, aber Neues unterbinden. Direktor Schlitter von der Deutschen Bank macht eine Einschränkung, deren Tendenz mir nicht ganz deutlich ist. Es sei das Bedürfnis nach diesen Aktien für solche Unternehmungen begründet, welche entweder die Herrschaft über sehr wertvolle Rohstoffe oder über sehr wertvolle Verfahren verleihen. Es scheint dabei an die echte Überfremdung gedacht zu sein, die heute kaum noch jemand fürchtet und der man besser damit begegnet, daß man in der oben angedeuteten Weise die Stellung der Verwaltungsmitglieder befestigt und — was nach meiner Meinung unter allen Umständen geschehen sollte — zugleich vorschreibt, daß nur ein bestimmter Bruchteil der Verwaltungsmitglieder aus Ausländern bestehen darf. Abgesehen hiervon steht aber Schlitter auf dem Standpunkt Hagens, und interessant ist es, aus dem Munde des Bankiers die Worte zu hören, daß die Deutsche Bank deshalb auf Beseitigung der Stimmrechtsaktie drängt, weil »es dem Geiste des Aktienwesens entspricht, daß der Einfluß des Aktionärs seiner Kapitalbeteiligung entsprechen soll und man nur aus ganz dringenden Gründen volkswirtschaftlicher Natur von diesem Prinzip abgehen soll«. Auch von den Herren aus der Industrie ist keiner von der Sache begeistert: Man hat seinerzeit die Aktien geschaffen, und da sie nun einmal da sind, warum soll man sie beseitigen? So spricht sich der Direktor Clemm von der Zellstoff-Fabrik Waldhoff aus. Ebenso vom Großhandel Generaldirektor Tietz. Ganz indifferent steht Fabrikbesitzer Raschig der Stimmrechtsaktie gegenüber, während Kommerzienrat Wallerstein von der Schuhfabrik gleichen Namens mitteilt, daß seine Fabrik beschlossen habe, die Stimmrechtsaktien zu beseitigen, weil sie keinen Wert mehr auf sie lege. Auch die Mechanische Weberei Linden legt keinen Wert mehr auf ihre Stimmrechtsaktien, und nach Generaldirektor Nortmann überwiegen die Nachteile die etwa anzuerkennenden Vorteile.

Nach allem also, was man da hört, braucht der Gesetzgeber sich kein Gewissen daraus zu machen, wenn er die Stimmrechtsaktie beseitigt.

Der Entwurf will sie — ohne Beschränkung der Zahl der Stücke gegenüber den Stammaktien und ohne Beschränkung der Mehrzahl der Stimmen — zulassen, ist aber bemüht, sie möglichst unschädlich zu machen, indem er zahlreiche Fälle bestimmt, in welchen die Überstimmen nicht zählen sollen. Er läßt sich dabei — heißt es in den Erläuterungen — von dem Gedanken leiten, daß ein Schutz gegen die Gefahr der Überfremdung der deutschen Wirtschaft bereit gehalten werden muß und daß die Stimmrechtsaktie auch in Fällen von Sanierungen nicht ganz entbehrt werden könne. Letzteres ist nicht deutlich. Ersteres steht jedenfalls mit der Ansicht der Männer aus dem Geschäftsleben — wie wir gesehen haben — nicht im Einklang. Die Neuerung (wie der Entwurf sie vorschlägt) darf — so wird gesagt — für sich in Anspruch nehmen, einfach und praktisch wirksam zu sein. Das kann ich nicht finden. Die Regel soll die Mehrstimmkraft sein, wovon dann die Ausnahmen einzeln und durch das Gesetz verstreut ausdrücklich bestimmt werden. Es sind das, wenn ich nichts übersehen und richtig gezählt habe, 16 Fälle. Man muß schon das ganze Gesetz mit vollster Aufmerksamkeit darauf durchgehen, wo sich Ausnahmen bestimmt finden, muß dann, im Geiste die Fälle zusammenfassend, versuchen, sich ein Bild von dem Bereich der verbleibenden Möglichkeiten zu machen, will man sich ein Urteil über die Bedeutung und die Tragweite dieses Mehrstimmrechts bilden. Ich muß gestehen, daß mir das nicht leicht geworden ist, wofern ich überhaupt zum Ziel gekommen bin. — Etwas anders, aber keineswegs eindringlicher lautet, was in Ergänzung der Erläuterungen Schmölder in JW. a. a. O. S. 2628 zur Rechtfertigung der Sache sagt:

> Der Entwurf glaubt, daß das Anwendungsgebiet, an das 1884 bei der grundsätzlichen Zulassung von Aktien mit erhöhtem Stimmrecht gedacht war, auch heute »unvermindert« seine Existenzberechtigung behalten hat (als wenn das, was die Inflationszeit in dieser Beziehung uns gebracht hat, eine »unvermehrte« Fortdauer der Zustände im Jahre 1884 gewesen wäre!). So ist die Stimmrechtsaktie nach wie vor als Finanzierungsvorzugsaktie kaum entbehrlich.

Da aber, wird weiter gesagt, eine Abgrenzung dieser besonderen Art von Stimmrechtsaktien gegen andere Arten schwer ausführbar sei, müßten die Stimmrechtsaktien überhaupt beibehalten werden.

Mit Wendungen dieser Art kann man nicht die Einführung einer so bedenklichen, von sehr vielen heftigst befehdeten, von allen als ein Übel, das hoffentlich bald von selbst verschwinden wird, empfundenen Einrichtung rechtfertigen. Dort soll die Stimmrechtsaktie in Fällen von Sanierung »nicht ganz« entbehrt werden können. Hier ist sie als Finanzierungsvorzugsaktie »kaum entbehrlich«. Dabei ist letzteres ohne Erläuterung ebenso dunkel wie ersteres und wird auch dadurch nicht heller, daß dann gesagt wird, daß die Vorrechte dieser Aktien wesentlich nur für die Wahl und die Abberufung von Mitgliedern des Aufsichtsrats, bei Bilanzgenehmigung, Gewinnverteilung, Entlastung zur Geltung kämen. Sind denn das Finanzierungs- oder Sanierungsmaßregeln? Zu dem so eindeutigen Ergebnis der Wirtschafts-Enquete wird kein Wort gesagt.

Ich werde unten noch einmal kurz auf die Stimmrechtsaktie zurückkommen.

Die Vorratsaktie ist Gegenstand des § 41 des Entw. und des Art. 9 des Einführungsgesetzes. So kurz diese Bestimmungen sind, so viel ist gegen sie zu bedenken.

Zunächst ist mir eins nicht recht verständlich. Wenn man nach § 41 in Zukunft die Vorratsaktien zulassen will, so ist nicht einzusehen, weshalb die schon vorhandenen nach Art. 9 EG. eingezogen werden müssen.

Wichtiger ist, daß die Ausdrucksweise des § 41 unverkennbar von Voraussetzungen ausgeht, die nicht richtig sind. Es heißt dort: »Wer eine Aktie für Rechnung der Gesellschaft übernimmt, kann sich nicht darauf berufen, daß er die Aktie nicht für eigene Rechnung übernommen hat.« Aber das kann bekanntlich auch der nicht, der überhaupt für Rechnung eines anderen eine Aktie in eigenem Namen übernimmt. Das braucht nicht erst gesagt zu werden, und wenn es nun gar mit der Beschränkung auf diesen besonderen Fall, daß es im Auftrag der Gesellschaft geht, bestimmt wird, so ist das, wenn nicht unrichtig, so doch irreführend. Selbstverständlich ist aber auch — und das an dieser Stelle trotzdem ausdrücklich zu sagen, wäre angesichts der Verwirrung der Anschauungen, welche in diesem Punkte herrscht, nützlich —, daß in solchen Fällen unter keinen Umständen zwar die Aktie nichtig ist, wie auch Quassowski JW. a. a. O. S. 2618 für denkbar erklärt, wohl aber nichtig ist die zwischen dem Übernehmer der Aktie und der Gesellschaft getroffene Vereinbarung. Denn der Übernehmer und nur er wird Aktionär. Er schuldet die Einlage und muß sie zahlen, ohne sich darauf berufen zu können, daß die Gesellschaft sich ihm zur Zahlung oder zum Ersatz des etwa Gezahlten verpflichtet hat. Und da dem so ist, liegt nun wiederum kein Grund vor, dem so gewordenen Aktionär die Rechte aus der Aktie, Stimmrecht, Gewinnanteilrechte, Bezugsrechte, zu versagen, wie der Entw. es will.

Man sieht wohl schon, daß die Begriffsbestimmung des Entw. nicht richtig sein kann. Das Wesentliche ist vielmehr, daß es sich um eine größere Partie (»Vorratsaktie«) von Aktien handelt, welche sich im Eigentum der Gesellschaft selbst befindet, gleichviel, wie sie dazu gekommen ist. Auch als Schutzaktie, Verwaltungsaktie, oder wie man sie nennen will, erfüllt die Vorratsaktie nur in größeren Mengen ihren Zweck. Und wenn man erschöpfend in der Definition sein will, dann muß man hinzufügen, daß sie ungesetzlich sind, nämlich daß auf sie niemand der Gesellschaft etwas eingezahlt hat; erst mit letzterem ist der ganze Begriff gegeben. — Mit der Tatsache, daß es sich um eigene Aktien der Gesellschaft handelt, ist zugleich gegeben, daß, was der § 41 Abs. 3 als etwas Besonderes und gleichsam zum Ausgleich bestimmt, nämlich daß Stimmrecht, Bezugsrecht und Recht auf Dividende ruhen, solange die Einlage nicht voll gezahlt ist, auch ohne das gilt. Diese Rechte stehen der Gesellschaft aus eigenen Aktien teils überhaupt nicht zu, teils nur in formaler Weise. Es ist ein Schlag ins Wasser, wenn man meint, bei der Entziehung dieser Rechte die Gefahren der Vorratsaktie hinnehmen zu können.

In der Erläuterung (S. 119) liest man:

> »Daß die Schaffung solcher Aktien für Rechnung der Gesellschaft Gefahren für die Beteiligten begründet, liegt auf der Hand. Aus diesem Grunde lehnt der Entwurf es ab, solche Aktien zuzulassen, zumal es sich bei ihnen um ein aktienrechtlich und wirtschaftlich notwendiges Gebilde nicht handelt. Kein ausländisches Recht kennt diese Aktien.«

Mithin — so denkt man — fort damit! Aber nein. Wieder kommt die Umbiegung:

> Es ist aber nicht zweckmäßig, Maßnahmen im Sinne eines Verbotes der Ausgabe solcher Aktien etwa unter Androhung der Nichtigkeit oder von Strafe zu treffen!

Freilich hat der Entwurf durch seine unzutreffende Begriffsbestimmung sich den Weg zu letzterem verlegt. So verstanden, ist es nicht unzweckmäßig, sondern unmöglich, Maßnahmen im Sinne eines Verbotes zu treffen. Denn wie will man verbieten, daß jemand für Rechnung der Gesellschaft Aktien übernimmt? Man kann das nicht verbieten und braucht es nicht. Es genügt, wenn hinfort wieder alle Welt wissen wird, daß bei der Übernahme von Aktien dieses »für Rechnung der Gesellschaft« rechtlich keine Bedeutung hat.

In der Vorratsaktie treffen die beiden Momente zusammen, von denen wir hier sprechen: Sie ist nur Scheinaktie. Als eigene Aktie der Gesellschaft verleiht sie obendrein dem Vorstand die Macht, sie in den Verkehr zu bringen und dadurch in die Rechtssphäre der Aktionäre einzugreifen.

Man muß tiefer greifen. Wir müssen an dem festumschriebenen und durchsichtigen Begriff der Aktie festhalten, der das deutsche Aktienrecht auszeichnet. Jedermann muß wissen, welchen Inhalts das Recht ist, das er in Händen hat, wenn er eine Aktie sein eigen nennt.

Dazu ist heute nötig, daß einiges ausdrücklich gesagt wird, was unser Gesetz ungesagt gelassen hat, aber darum nicht weniger bestimmt voraussetzt. Grundsätzlich darf es nur voll eingezahlte Aktien geben. Eine Ausnahme bedingen die Verhältnisse der Versicherungsgesellschaften. Als zweite Ausnahme wäre die Einzahlung der Einlage in Raten zuzulassen. Es muß zulässig sein, bestimmte, aber nicht zu weit gesteckte Termine festzusetzen, so daß — sagen wir längstens in einem Jahr — alles gezahlt sein muß. Ergänzend wäre zu bestimmen, daß spätestens mit diesem Termin auch der volle Betrag der Gesellschaftssteuer fällig wird. Es klingt theoretisch ganz schön, daß nach unserem Rechte die noch nicht voll eingezahlte Aktie dieselben Rechte gewährt wie die voll gezahlte. Praktisch ist es aber verfehlt. Es muß vielmehr künftig heißen: Soviel Beitrag (effektiver Beitrag, nicht geschuldeter), soviel Rechte, namentlich soviel Stimmkraft (ähnlich der Entwurf § 93 Abs. 2). Auf dieser Basis könnte man dann, was zunächst die Stimmrechtsaktie angeht, allenfalls differenzieren. Es wird behauptet, daß es doch Fälle gibt, wo das Interesse eines einzelnen Aktionärs oder einer Gruppe von solchen an stärkerem Einfluß in der Gesellschaft Anerkennung heische. Man weist vor allem auf die Familiengründungen hin. Es läßt sich auch der Fall denken, daß einer der Gesellschafter eine besonders wertvolle Einlage beibringt, eine Erfindung z. B., über die er die Hand halten will. Um solchen Fällen Genüge zu tun, könnte man, ohne daß damit dem Grundgedanken Abbruch geschieht, zulassen, daß innerhalb vernünftiger Grenzen — ich verstehe darunter das Doppelte, höchstens Dreifache — einer Gruppe von Aktien erhöhte Stimmkraft beigelegt wird.

Dagegen muß die Vorratsaktie gänzlich verschwinden. Und sie kann um so eher verschwinden, wenn wir die Kapitalerhöhung auf Sicht — genehmigtes Kapital, bedingte Kapitalerhöhung — einführen. Dazu muß der § 226 HGB. (den der Entwurf § 56 Abs. 12 mit allen seinen Schwächen beibehalten will!) gestrichen oder gründlich geändert werden, welcher zwar dem Vorstand unter bestimmten Voraussetzungen den Erwerb eigener Aktien für die Gesellschaft untersagt, im übrigen ihn aber für zulässig erklärt und auch in jenen Fällen die Möglichkeit eines solchen Erwerbes unbeschränkt anerkennt. Wie sehr in jeder Beziehung die Vorschrift verfehlt ist, habe ich in meinem Aktienrecht § 262 Erl. 1a näher ausgeführt (vgl. auch mein GGmbH. § 33 Erl. 3). Ich darf hier darauf Bezug nehmen. Es muß bei der jetzigen Gelegenheit endlich erkannt und anerkannt werden, daß die Aktiengesellschaft, wenn sie eine eigene Aktie entgeltlich erwirbt, damit Einlage zurückzahlt und daß das Gesetz in § 226 ein Rechtsgeschäft gelten läßt, das es eben erst in §§ 213, 215, 221 verboten hat, ein schreiender Widerspruch, mit dem wir uns seit 50 Jahren schleppen. Es läßt sich nicht bestreiten, daß die Rückzahlung von Einlage verboten ist, auch dann verboten, wenn sie unter Verzicht des Aktionärs auf die Aktienrechte erfolgt. Es läßt sich auch nicht bestreiten, daß an diesem Verbot dadurch nichts geändert wird, daß die Parteien dem Rechtsgeschäft die Gestalt eines Kaufgeschäfts geben. Wenn ein Aktionär der Gesellschaft zusagt, ihr gegen Zahlung eines Geldbetrages die Aktie zu übereignen, so ist das ein Kaufgeschäft, auch wenn die Parteien es nicht so nennen. Und wenn der Aktionär der Gesellschaft seine Aktie verkauft, so ist die Bezahlung des Kaufpreises Rückzahlung von Einlage, auch wenn die Parteien vermeiden, es so zu nennen. Ist denn wirklich, um das begreiflich zu machen, erst noch das Exempel auf den Fall notwendig, daß die Gesellschaft ihre sämtlichen Aktiven versilbert, mit dem Geld ihre Aktien »kauft« und ihre Gläubiger auf die wertlos gewordenen Stücke Papier verweist? Die Unklarheit, die hier herrscht, ist allgemein. Auch das Urteil RFH. 25 S. 40 z. B. läßt das richtige Verständnis für den Zusammenhang der Dinge vermissen. Es wird dort — nach meiner Ansicht unrichtig — entschieden, daß bei der Veranlagung einer Gesellschaft m. b. H. zur Vermögenssteuer ein eigener Geschäftsanteil der Gesellschaft mit seinem Wert dem Vermögen der Gesellschaft zuzurechnen sei. Allerdings kommt dem Verfasser der Gründe obiges Bedenken, das er indessen beschwichtigt: es werde im allgemeinen nicht vorkommen, daß eine Gesellschaft in so erheblichem Maße eigene Geschäftsanteile kauft (ja aber, wenn es nun doch vorkommt!), zumal einem Erwerb, durch den das Stammkapital angegriffen wird, die Vorschriften des Handelsrechts (§ 33 GmbHG., dessen Abs. 2 aber nur Sollvorschrift ist) entgegenstehen (wozu bemerkt werden muß, daß, wenn das Gericht recht hätte, d. h. wenn der Geschäftsanteil mit seinem Wert aktiviert werden darf, das Stammkapital durch den Ankauf gar nicht angegriffen werden kann); wenn aber eine Gesellschaft übermäßig eigene Anteile erwirbt, dann kommt es nicht steuerlich zu einer Art Erhöhung und letzten Endes Verdoppelung des Stammkapitals (der Gedanke, den der Richter hier glaubt ablehnen zu sollen, ist mir schlechthin unverständlich), dies bleibt vielmehr unverändert (richtig und vom Standpunkt des Gerichts aus mehr noch, es bleibt auch unverändert gedeckt, was wohl auch der Satz nur sagen will, woraus sich aber ergeben würde, daß der Ankauf eben nicht auf Kosten des Stammkapitals geht).

Die einfache Wahrheit, daß das vorhandene Vermögen einer Gesellschaft durch den Erwerb eines eigenen Geschäftsanteils nicht um einen Deut vermehrt wird, geht vor den juristischen Gedankengängen verloren. In meinen juristisch-erkenntnistheoretischen Studien habe ich den Nachweis unternommen, daß die Wirklichkeit des Lebens gleichsam eine mannigfachst gegliederte und reich verzierte Fassade ist, vor welcher die (berechtigte) Ideologie des Juristen ein Gerüst aufgebaut hat, weil er dauernd in der Lage ist, in jedem Moment an jeder Stelle der Fassade an das Einzelne und Einzelnste herantreten zu müssen, um zu feilen und zu putzen, um unaufhörlich auszubessern, um zu entscheiden. Der Ideologe im tadelnden Sinne des Ausdrucks sieht, in seinem System befangen und nicht selten verstudiert, nur das Gerüst, und der vielbesprochene Takt des Juristen besteht darin, daß er nicht verlernt hat, die Fassade zu sehen, wie sie aussieht, wenn das Gerüst nicht da ist, und daß er auch in seinen Bewegungen auf und in dem Gerüst stets die Fassade im Auge behält. Das ist auch der Kern und die Summe dessen, was nach meiner Auffassung an der Freirechtslehre richtig ist. Nach dem RFH. müßte jemand, dessen Vermögen aus einem Grundstück im Werte von 100 000 RM. besteht, ein solches von 150 000 RM. versteuern, wenn auf dem Grundstück eine Eigentümergrundschuld von 50 000 RM. eingetragen steht. Daß dem nicht so ist, ergibt sich nicht nur aus den Vorschriften des Gesetzes, sondern beruht mitsamt diesen Vorschriften auf der Vernunft der Dinge. Es ist nicht anders, wenn eine Aktiengesellschaft eine eigene Aktie erwirbt, so kann sie dadurch an ihrem Vermögen höchstens etwas verlieren, nämlich dann, wenn es entgeltlich geschieht, das Äquivalent für den aufgewendeten Preis kommt den Aktionären zugute. Den Verlust bringt sie — ganz folgerecht nun auf Kosten wiederum der Aktionäre — erst wieder ein, wenn sie die Aktie wieder verkauft. Es ist wirklich nicht schade, wenn die eigene Aktie aus dem Leben verschwindet oder richtiger, wenn wir sie auf das bescheidene Dasein beschränken, wie es im Folgenden umschrieben wird.

Es gibt Fälle, wo der entgeltliche Erwerb eigener Aktien durch die

Gesellschaft unverboten ist, weil es Ausnahmefälle gibt, in denen die Einlage dem Aktionär zurückgezahlt werden darf. Das sind die Fälle der Amortisation, sei es aus dem Gewinn, sei es unter Herabsetzung des Grundkapitals. Durch positive Vorschrift wird man den Banken die Möglichkeit gewähren, für fremde Rechnung (kommissionsweise), wie überhaupt Aktien, so auch ihre eigenen zu kaufen und zu verkaufen. Vielleicht braucht man das nicht auf die Banken zu beschränken, sondern kann allgemein den Handel gestatten, wenn er für fremde Rechnung geschieht. Nur für Rechnung der Gesellschaft selbst kann das nicht sein. Ein dahingehender Auftrag der Gesellschaft würde nichtig sein. Derartiges ist auch dann ausgeschlossen, wenn es bei niedrigem Kursstand darauf abgesehen ist, durch Ankauf (ohne Amortisation) die Gelegenheit auszunutzen, oder wenn es bei weichendem Kurse darauf ankommt, diesen zu stützen, Transaktionen, die ohnehin weit entfernt sind, schlechthin unbedenklich zu sein. Dagegen wäre unverboten, daß die Gesellschaft einer Bank eine angemessene Provision zusagt, wenn diese bereit ist, nicht nur in eigenem Namen, sondern auch für eigene Rechnung die Stützungsaktion zu übernehmen.

Wir würden auch mit einem radikalen Verbot des Erwerbes eigener Aktien nicht allein dastehen. Die Schweiz z. B. verbietet mit einigen Ausnahmen, welche sich mit den obengenannten ungefähr decken, schlechthin jeden, auch den unentgeltlichen Erwerb. Und daran scheint noch niemand Anstoß genommen zu haben. Soviel mir bekannt ist, gibt es kein Land, in welchem im Verhältnis zu seiner Größe soviel ausländisches Kapital in inländischen Aktienunternehmungen investiert ist.

Verschwinden müssen aber auch alle Zwischenbildungen zwischen Aktie und Obligation.

Anders auch hier der Entwurf. Er will die dem deutschen Recht bisher unbekannte Aktie ohne Stimmrecht neu einführen, die Vorzugsaktie ohne Stimmrecht.

Auf den ersten Blick ist nicht verständlich, weshalb diese Aktien kraft zwingenden Rechts mit einem Vorrecht ausgestattet sein müssen. Es handelt sich um vermögensrechtliche Vorrechte. Zwischen dem Recht auf den Gewinn, auf die Liquidationsquote und dem Stimmrecht besteht für die Allgemeinheit — und auf das breite Publikum ist es abgesehen — keine Relation. Sie können auf keine Weise auf einen gemeinschaftlichen Nenner gebracht werden. Es ist oft genug für die Übernehmer der Aktien kein Opfer, jedenfalls kein pekuniäres, daß sie auf das Stimmrecht verzichten. Und vollends für die Stammaktionäre liegt darin kein Ausgleich dafür, daß sie mit ihren Rechten zurücktreten. Wenn also schon das Vorrecht, warum ohne Stimmrecht?

In Wahrheit ist es damit auf die Einführung eines ganz neuen, fremdartigen Typus von Aktiengesellschaft abgesehen, auf eine solche mit streng oligarchischer Verfassung. Man gründet mit einem verhältnismäßig kleinen Grundkapital und wenigen, leicht zu beherrschenden Aktionären die Gesellschaft und wirft dann die Fülle dieser tunlichst klein gestückelten Aktien ohne Stimmrecht auf den Markt, wo sie durch die Vorrechte dem Publikum mundgerecht gemacht werden. Jetzt hat die Sache Hand und Fuß. Man sieht, warum kein Stimmrecht und wozu die Vorrechte. Soviel ich sehe, leuchtet so allein die Sache ein [1]). Ich glaube nicht, daß es sich für uns empfiehlt, das nachzumachen. — Übrigens ist — wenn meine Ansicht richtig ist — der Standpunkt des Entwurfs wiederum eine Halbheit. Nach § 97 Abs. 2 soll der Gesamtbetrag solcher Aktien 25% des Grundkapitals nicht überschreiten. Damit dürfte das Interesse an der Einrichtung verschwinden. — Die Kautel, daß das Stimmrecht auflebt, wenn der den Vorzugsaktionären vorweg gebührende Gewinnanteil in zwei aufeinanderfolgenden Jahren nicht oder nicht vollständig gezahlt wird, birgt mehr eine Gefahr als einen Schutz in sich. Wenn die Geschäfte nicht gut gehen, ist mit dem Stimmrecht allein auch noch nichts gebessert, während die Gefahr groß ist, daß der Vorstand auch dann noch die Mindestdividende herausdrückt, wenn die finanzielle Lage es verbietet.

In den Ausführungen, mit welchen die Erläuterungen die Einführung rechtfertigen, vermißt man die erforderliche Objektivität des Standpunktes. »Die Aktie bietet gegenüber der Schuldverschreibung den Vorteil, daß sie keine vom Gewinn unabhängige Zinsverpflichtung begründet.« Ganz richtig, nur daß es geschieht zugunsten der Gesellschaft auf Kosten der Aktionäre. »Es werden die Schwierigkeiten vermieden, die sich aus der Notwendigkeit getrennter Abstimmung bei

[1]) Nach Kalisch (JW. 1927, 651) wären die Vorzugsaktien ohne Stimmrecht in den Vereinigten Staaten öfters nur verschleierte Obligationen, die aus Gründen der Steuerersparnis als Aktien »frisiert« sind. Das wäre also derselbe Grund, dem dort die Quotenaktie ihre auf den ersten Blick unverständliche Verbreitung verdankt. Für uns kommt unserem Steuerrecht gegenüber dieses Motiv nicht in Frage.

Kapitalerhöhungen usw. ergeben.« Ebenfalls richtig, aber diese Schwierigkeiten sind vom Gesetz selbst wohlbedacht bestimmte Schutzmaßregeln, deren Beseitigung oder Vereitelung doch nicht für denselben Gesetzgeber ein Motiv für seine Entschließung sein kann. Eine besondere Sicherung der Vorzugsaktionäre soll darin liegen, daß auf sie das Gesetz vom 4. Dezember 1899, betr. die gemeinsamen Rechte der Besitzer von Schuldverschreibungen, Anwendung finden soll, was ihnen die Wahrnehmung ihrer Rechte durch einen gemeinsamen Vertreter ermögliche. Nach meiner Ansicht werden die Rechte der Aktionäre dadurch nicht erweitert, sondern geschwächt. Denn dadurch wird der einzelne in Wahrnehmung seiner Rechte, die Sonderrechte sind, an den Mehrheitswillen aller gebunden. Gegen diese letztere Bestimmung selbst wäre nichts einzuwenden. — Schließlich sei hier noch auf eine Unstimmigkeit zwischen dem Gesetz und den Erläuterungen hingewiesen. Quassowski sagt (JW. a. a. O. S. 2661), daß bei Ausgabe von Vorzugsaktien ohne Stimmrecht das Bezugsrecht unentziehbar sei. Das wäre ja ganz außerordentlich wichtig. Aber im Gesetz selbst steht etwas anderes, § 99 Abs. 3 spricht von Aktien, welche nach Ausgabe von Vorzugsaktien ohne Stimmrecht ausgegeben werden, und in Beziehung hierauf bestimmt der zweite Satz des Absatzes: Das Recht der Vorzugsaktionäre auf den Bezug solcher Aktien ist unentziehbar. Hier also — nebenbei gesagt — rafft der Entwurf sich endlich einmal dazu auf, das Bezugsrecht für unentziehbar zu erklären. Warum das gerade nur hier an dieser ziemlich verlorenen Stelle sein soll, ist nicht verständlich.

Von meinem Standpunkt aus muß ich mich schließlich auch gegen die Gewinn-Schuldverschreibung (Entwurf § 194) aussprechen, was keiner weiteren Begründung bedarf.

III.

Eine der brennendsten Anliegen der Entwickelung unsers Gesellschaftsrechts ist die weitverbreitete und hochgetriebene Verschachtelung der korporativen Handelsgesellschaften, Aktiengesellschaft und Gesellschaft m. b. H. (auch Gewerkschaften). Vor allem ist sie ein beliebtes Vehikel der Konzernbildung. Sie dient dazu, bei straffer Zusammenfassung eine praktisch erforderliche oder wünschenswerte Dezentralisation des Betriebes zu erreichen. Aber sie führt auch zur Unübersichtlichkeit und zu Undurchsichtigkeit der Rechts- und vor allem der Finanzlage des Unternehmens und bietet daher auch für allerlei unredliche Zwecke, für Schiebungen eine nicht selten verwendete Handhabe, zumal sie auch an der Landesgrenze keinen Halt findet. Es ist — vielleicht schon mehr als einmal — vorgekommen, daß im Geschäftsverkehr zwischen einer ausländischen Muttergesellschaft und ihrer inländischen Tochtergesellschaft alle greifbaren Werte in das Ausland wanderten und die Tochtergesellschaft einem Zusammenbruch größten Stils überlassen wurde.

Über Nutzen oder Schäden der Konzernentwicklung zu streiten hat hier — ähnlich wie bei der Stimmrechtsaktie — gar keinen Zweck. Das sind Fragen der Wirtschaftslehre und der staatlichen Wirtschaftspolitik, die bei der Regelung des Aktienrechts nicht zum Austrag gebracht werden können. Es besteht auch begrifflich zwischen Konzern und Aktiengesellschaft kein notwendiger Zusammenhang. Was man mit dieser Zusammenfassung mehrerer selbständiger Unternehmungen bezweckt und erreicht, liegt auf dem technischen Gebiet der Produktion und des Handels. Auf Rationalisierung des Betriebes ist es abgesehen und an und für sich ist eine solche sehr wohl auch da möglich, wo die Unternehmer Einzelkaufleute oder offene Handelsgesellschaften sind. Aber da ist man auf rein obligatorische Bindung angewiesen, und die ist zerbrechlich. Gewähr der Dauer bietet dagegen die Verwendung der korporativen Gesellschaften.

Ein beliebter Modus ist die Verzahnung, sozusagen, der beiderseitigen Verwaltungsorgane; Vorstandsmitglieder hier werden zugleich Mitglieder des Vorstandes oder des Aufsichtsrates dort und umgekehrt. Hierauf werde ich weiter unten eingehen.

Fester bindet die V e r s c h a c h t e l u n g. Steht die eine Gesellschaft zugleich mit einem Fuß oder besser noch mit beiden Füßen in der anderen, dann ist alle Gewähr geschaffen, daß die Räder des Betriebes reibungslos laufen. Aber rechtlich werden damit schwierige Probleme aufgeworfen. Sehr verständlich. Denn damit wird einer der tiefsten Grundsteine, auf welchen unser Rechtssystem, namentlich auch der rechtsgeschäftliche Verkehr und seine Regelung aufgebaut ist, in seiner Festigkeit erschüttert. Es ist das die geschlossene, absolut für sich dastehende, selbstherrliche Persönlichkeit des einzelnen. Das Rechtsgeschäft und alles, was von ihm gilt, setzt diese mehreren, voneinander unabhängigen Persönlichkeiten voraus und wird etwas anderes als das vom Recht Gemeinte und Geregelte, wenn vermöge der Künstlichkeit der Persönlichkeit der korporativen Gesellschaft es dazu kommen kann, daß diese Selbständigkeit verwischt und die Lage geschaffen wird, daß die Entschließung der einen Partei von dem Willen der Gegenpartei abhängt. Damit tritt ein ganz neues und eigenartiges Problem in die Erscheinung, eine Fülle schwieriger Rechtslagen und zweifelhafter Rechtsfragen. Die Erläuterungen sagen hierzu:

> Nicht für zweckmäßig ist es erachtet worden, das Verhältnis zwischen Mutter- und Tochtergesellschaft von Grund aus zu klären und gesetzlich zu regeln. Die Entwicklung ist hier noch nicht abgeschlossen. Weder sind die rechtlichen Fragen noch die wirtschaftlichen Probleme, zu denen das Verhältnis zwischen Mutter- und Tochtergesellschaft Anlaß gibt, genügend klargestellt, um die Grundlage für eine umfassende gesetzliche Regelung abzugeben.

Das scheint mir ein vorschnelles Verzichten zu sein. Worauf sollen wir denn noch warten? Seit Jahrzehnten ist diese Entwicklung in vollem Gange und hat sicherlich viel Nutzen geschaffen, aber — sichtbarer — auch schon unendlichen Schaden gestiftet. Die Dinge stehen in voller Handgreiflichkeit vor uns und wirken sich auf das stärkste aus. Wenn wir heute nicht wissen, was tun, woher soll uns denn später die Erleuchtung kommen? Gewiß entziehen sich viele der Fragen überhaupt der Regelung im Wege allgemein gehaltener Vorschriften und müssen der Rechtsprechung zur Entscheidung von Fall zu Fall überlassen bleiben. Aber ich glaube doch, daß sich einiges Wichtiges durch Gesetz bestimmen läßt.

Ganz achtlos will allerdings auch der Entwurf nicht an der Sache vorübergehen. Es heißt a. a. O. weiter:

> Der Entwurf beschränkt sich darauf, das Verhältnis zwischen Mutter- und Tochtergesellschaft in einzelnen Auswirkungen zu erfassen, indem da, wo es erforderlich erscheint, dem engen Zusammenhang zwischen Mutter- und Tochtergesellschaft Rechnung getragen wird.

Indessen will, was hier vorgeschlagen wird, nicht viel bedeuten. Der Entwurf definiert zunächst den Begriff (§ 56 Abs. 3). Er versteht unter Mutter- und Tochtergesellschaft das Verhältnis zweier korporativer Handelsgesellschaften, wonach die eine auf Grund von Beteiligungen oder in sonstiger Weise auf die andere unmittelbar oder mittelbar beherrschenden Einfluß ausübt oder auszuüben in der Lage ist. Sodann bestimmt er:

> die Tochtergesellschaft »soll« Aktien der Muttergesellschaft nicht zeichnen oder erwerben,

im Jahresbericht der einen Gesellschaft ist auch über das Unternehmen der anderen und die Beziehungen zu ihr zu berichten,

in der Generalversammlung kann jeder Aktionär Auskunft über diese Dinge verlangen,

in der Bilanz sollen Forderungen und Verbindlichkeiten an und gegenüber der Tochtergesellschaft gesondert aufgeführt werden.

Ich will auf diese Einzelheiten und auch auf die Definition der Tochtergesellschaft nicht eingehen, weil ich der Meinung bin, daß die Sache überhaupt ganz anders angefaßt werden muß.

Wir müssen uns auf das besinnen, was aktienrechtlich bei und mit der Verschachtelung geschieht. Wir müssen fragen, worin besteht dieses charakteristische Moment der Verschachtelung, und um die Antwort zu finden, müssen wir wieder zurückgehen auf den Begriff der Aktie. Wenn auch die Aktiengesellschaft selbständige Persönlichkeit ist, verschieden von der Persönlichkeit der Aktionäre, wenn auch sie es ist, der das Gesellschaftsvermögen gehört, so ist doch ebenso richtig, daß dieses selbe Vermögen — im Anfang die Summe der vorhandenen Vermögensgegenstände, im weiteren Verlauf der Dinge das Reinvermögen der Gesellschaft — zugleich die Substanz des Rechts der Aktionäre aus der Aktie ausmacht. Die Aktienurkunde ist ein Stück Papier, als solches ohne Wert. Was ihr Wert verleiht, ist die Substanz des in ihr verkörperten Rechts jener Beteiligung am Gesellschaftsvermögen. Ich drücke das so aus, daß die Aktie in jenem Vermögen fundiert ist. Nehmen wir das Beispiel einer Verschachtelung. Eine Aktiengesellschaft mit 1 000 000 M. gründet eine solche mit 500 000 M. Grundkapital, dergestalt, daß sie soviel Aktien als möglich selbst übernimmt, den Rest alsbald erwirbt. Das ändert nach allgemein geteilter Ansicht nichts daran, daß ihr Grundkapital voll gedeckt bleibt. Zwar hat sie 500 000 M. an die Tochtergesellschaft abgeführt. Aber dafür hat sie deren Aktien, und nur die Posten der Aktiven haben gewechselt, vom Bank- oder Kassa-Konto auf Konto der Wertpapiere. Das ist schon richtig. Aber was dabei nicht gesehen wird, ist, daß damit die Aktien der Muttergesellschaft einen bedeutungsvollen Wandel erfahren. Jetzt sind ihre Aktien nur noch zur Hälfte durch das Vermögen der Gesellschaft unmittelbar fundiert. Zur anderen Hälfte (immer nur ganz schematisch gesprochen) finden sie ihr Fundament erst in dem Vermögen der Tochtergesellschaft. Oder anders herum gesehen, das Vermögen der Tochtergesellschaft bildet die Wertsubstanz nicht nur der eigenen Aktien — 500 000 M. —, sondern auch der Hälfte der Aktien der Muttergesellschaft — wiederum 500 000 M. —, und ist doch selbst nicht mehr wert als 500 000 M. Und das läßt sich dann beliebig höher treiben, so daß auf schmaler und schmalster Basis eine Unsumme von Aktien geschaffen werden kann.

Nehme ich z. B. — wieder ganz schematisch gesprochen — 4 Unternehmungen in Form von Aktiengesellschaften mit je 100 000 M. Grundkapital, D E F G, darüber zwei Aktiengesellschaften, B und C, so daß B mit einem Grundkapital von 200 000 M. sämtliche Aktien von D und E besitzt und entsprechend C sämtliche Aktien von F und G. Die Gesellschaft A endlich soll mit einem Grundkapital von 400 000 M. die Aktien von B und C haben. Dann existieren Aktien im Nennbetrag von 1 200 000 M., denen reelle Werte von nur 400 000 M. zugrunde liegen. Nehmen wir an, daß die Unternehmungen D—G prosperieren und regelmäßig 15% Dividende verteilen, dann kann auch B und C und schließlich auch A 15% Dividende geben. Das wären im ganzen 180 000 M. Gewinn, während der wirklich erzielte Gewinn nur 60 000 M. beträgt. Praktisch hat das nichts zu bedeuten, solange der Sachverhalt derselbe bleibt. Denn dann ist es immer wieder dasselbe Geld, das von einer Hand in die andere wandert. Aber es bleibt bei solcher Dividende nicht aus, daß die Aktien mehr oder weniger im Kurse steigen, nicht nur die 400 000 der vier Unternehmungen, sondern auch die 800 000 der Mutter- und der Großmuttergesellschaft. Sie werden auf den Markt geworfen und kommen in das Publikum. Wenn dann die Verhältnisse zurückgehen, dann stürzt der ganze Bau zusammen, und es zeigt sich, daß hinter diesem Blust von Aktien von Anfang an nur ein schmales Vermögen gestanden hat. Man braucht dabei gar nicht an Betrügerei zu denken. So verhält es sich — in größeren oder kleineren Abmessungen — bei jeder Verschachtelung. In diesem Sinne kann man ganz allgemein sagen, daß der Verschachtelung als solcher ein Moment des Objektiv-Unsoliden anhaftet, das denn auch nicht umhin kann, die Sache mit einem gewissen Odium zu belasten. Es wäre höchst erwünscht, sie hiervon zu befreien, und nach meiner Meinung ist das auch sehr wohl möglich. Man braucht sich nur recht auf den Zusammenhang zu besinnen und alsdann nach seiner Erkenntnis zu verfahren.

Ich betrachte den Fall, daß die Tochtergesellschaft ihr Grundkapital erhöht, wobei die Muttergesellschaft, die deren sämtliche Aktien besitzt, die gesamten jungen Aktien übernimmt. Bekanntlich hat das Reichsgericht (Entsch. Bd. 108 S. 41) in einem Falle, wo die

Muttergesellschaft »fast« alle Kuxe der Tochtergesellschaft besaß, eine solche Kapitalerhöhung für nichtig erklärt. Die Begründung lautet:

> Wenn auch die beiden Gewerkschaften äußerlich selbständige Rechtspersönlichkeiten sind, so ist ihr Vermögen doch in Wahrheit Vermögen der Beklagten, so daß Zahlungen auf die — zur Verfügung der Beklagten stehenden — Aktien in Wahrheit aus Mitteln der Beklagten geleistet werden. Es ergibt sich aus diesem Verhältnis der Beklagten zu den beiden Gewerkschaften, daß eine Erhöhung des Grundkapitals, wie sie das Gesetz im Auge hat, überhaupt nur dem Namen nach stattgefunden hat. Zur Kapitalerhöhung gehört, daß durch die Ausgabe der Aktien neue Aktiven der Gesellschaft zugeführt werden. Daran fehlt es hier, weil das Vermögen der Übernehmer der Aktien (es handelte sich um Kapitalerhöhung der Muttergesellschaft) wirtschaftlich mit dem der Beklagten zusammenfällt.

Das hat von sehr beachtlichen Seiten Widerspruch erfahren, und es ist zuzugeben, daß der Widerspruch nicht unberechtigt ist. Denn daran ist doch festzuhalten, daß Mutter- und Tochtergesellschaft zwei selbständige und verschiedene Persönlichkeiten sind, die jede ihre Rechte und Verbindlichkeiten für sich, ihre verschiedenen Gläubiger hat. Wenn in solchem Falle alles ehrlich zugeht — und davon ist in dieser allgemeinen Überlegung immer auszugehen —, dann wandert in der Tat der Betrag der Kapitalerhöhung aus dem Vermögen der Muttergesellschaft in das davon unterschiedene Vermögen der Tochtergesellschaft, was praktisch von großer Bedeutung sein kann, namentlich für die Gläubiger der Gesellschaft. Aber doch ist die Sache nicht in Ordnung, und die Kritik ist auf halbem Wege stehengeblieben. Man nehme in obigem Falle an, daß nunmehr die Muttergesellschaft ihr Kapital um 500 000 M. erhöht, indem die Tochtergesellschaft unter Rückzahlung der damals empfangenen 500 000 M. alle Aktien übernimmt. Nicht ein Pfennig neues Geld ist hereingekommen, und doch sind tausend Aktien mehr vorhanden, und es soll das Grundkapital hüben und drüben um 500 000 M. höher beziffert werden können, nach allgemeiner Meinung muß es das. Und so kann das Spiel beliebig weitergetrieben werden. Also so, wie die Kritik es will, geht es auch nicht.

In der Buchung liegt der Fehler. Es kommt darauf an, den Vorgang so zu verbuchen, daß die materielle Seite der Sache richtig zum

Ausdruck kommt. Das wird übersehen. Muß es dabei bleiben, daß mit der Zahlung der 500 000 M. an die Tochtergesellschaft deren Grundkapital, ihr Grundkapitalkonto um diesen Betrag erhöht wird, so kann die übliche Verbuchung des Vorganges auf der Seite der Muttergesellschaft (auf der Seite der Aktiven wechselt der Betrag von Bank- oder Kassakonto auf Konto der Wertpapiere) nicht richtig sein. Bei der Verbundenheit der beiden Gesellschaften und ihrer Vermögen haben wir es wie mit einem geschlossenen System kommunizierender Röhren zu tun. Soll die Flüssigkeit in der einen Röhre steigen, ohne daß neue Flüssigkeit hinzukommt, dann muß in der anderen Röhre die Flüssigkeit entsprechend sinken. Soll und muß es dazu kommen, daß das Grundkapital der Tochtergesellschaft um die 500 000 M. erhöht wird, dann muß der Ausgleich an der Grundkapitalziffer der Muttergesellschaft sich vollziehen, oder irgendwie sonst in ihren Buchungen. Ist sie in der Lage, den Betrag aus Reserven aufzubringen, so müssen diese dann auch verschwinden. Stehen Reserven oder Gewinn nicht zur Verfügung, dann hat sie keine andere Wahl, als entweder das Grundkapital entsprechend herabzusetzen oder mit Unterbilanz zu wirtschaften. Buchmäßig kann das nur so zum Ausdruck kommen, daß der Abgang der 500 000 M. nicht dadurch ausgeglichen wird, daß man die Aktien der Tochtergesellschaft aktiviert. Sie sind wohl in der Bilanz zu erwähnen, aber vor der Linie. *Als ein das Grundkapitalkonto balancierender Aktivposten dürfen sie nicht geführt werden.*

Das mag auf den ersten Blick seltsam anmuten, ist aber doch so. Die Vorschriften des Gesetzes über Führung und Abschluß der Handelsbücher sind nicht nur formeller sondern auch materiellrechtlicher Natur. Die Bestimmung, daß die Gesellschaft ein festes Grundkapital führen muß, daß bei Verlust der Hälfte desselben die Generalversammlung einzuberufen ist, bei Verlust des ganzen die Eröffnung des Konkurses zu beantragen, machen eine laufende Kontrolle zur Pflicht, eine Kontrolle des Standes des Vermögens der Gesellschaft im Verhältnis zu ihrem Anfangsvermögen, m. a. W. die Kontrolle, ob und inwieweit das Grundkapital, also auch die Aktien, in welche es zerlegt ist, durch das vorhandene Reinvermögen *fundiert* werden. Es ist doch wohl klar, daß dabei ein und dasselbe Vermögen im Betrage des Grundkapitals und einer dem entsprechenden Zahl von Aktien nur einmal und nicht zweimal oder noch öfter zum Fundament dienen kann. Selbstverständlich sind die Aktien der Tochtergesellschaft nicht deshalb irgendwie wertloser, weil sie sich in der Hand der Muttergesellschaft befinden. Es handelt sich nicht um die Bewertung, die kommt, wie wir noch sehen werden, ganz selbständig und daneben in Betracht. Es handelt sich überhaupt nicht um die Aktien der Tochtergesellschaft, sondern um das Fundament der Aktien der Muttergesellschaft. Und da vermögen erstere in der Bilanz der Muttergesellschaft diejenige Funktion, die ihnen nach den für die Aktiengesellschaft geltenden Vorschriften damit zukommt, daß sie als Aktiven in die Bilanz eingestellt werden, nicht zu versehen. An sich sind sie nur Papier. Das Vermögen aber, das ihnen ihren Wert verleiht, ist schon in Anspruch genommen, um sie selbst zu fundieren und kann das nicht zweimal tun. Daran ändert, wie gesagt, der Umstand nichts, daß die Aktien Wert haben und von der Muttergesellschaft verwertet werden können. Es ist nicht weiter verwunderlich, daß die ganz eigentümliche Verschlungenheit zweier Gesellschaften, die in der Verschachtelung liegt, auch eigenartige Folgeerscheinungen schafft. Wir haben hier den Fall einer aus der Rechtslage sich ergebenden gesetzlichen stillen Reserve vor uns.

Wird nach diesem Grundsatz verbucht, dann kann — was nicht näher dargelegt zu werden braucht — jene Wiederholung wechselseitiger Kapitalerhöhungen zwischen Mutter- und Tochtergesellschaft nicht zum Ziele führen.

Was von der Kapitalerhöhung der Tochtergesellschaft gesagt worden ist, gilt denn auch von der Gründung einer solchen. Auch dann wird das Grundkapital und damit die Gesamtheit der Aktien der Tochtergesellschaft durch das ihr zugeführte Vermögen unmittelbar fundiert, während durch den Abgang desselben Vermögens bei der Muttergesellschaft deren Grundkapital und also ihre Aktien im gleichen Betrag des unmittelbaren Fundaments verlustig gehen. Es darf also auch in diesem Fall der Abgang der Einlage auf die übernommenen Aktien nicht dadurch weggebucht werden, daß man die Aktien der Tochtergesellschaft aktiviert.

Etwas anders liegt es, wenn nicht die Aktiengesellschaft (mit ihren Strohmännern) allein die neue Gesellschaft gründet, sondern im Verein mit Dritten. Übernimmt die Aktiengesellschaft nur die Hälfte der Aktien und kommt also im Betrage der anderen Hälfte fremdes und neues Geld herein, dann gehen auch ihre Aktien nur zur Hälfte des Betrages der neuen Aktien der unmittelbaren Fundierung verlustig und es können in diesem Falle diese Aktien aktiviert werden, aber nur mit der Hälfte ihres Wertes, nicht mit der Hälfte ihres Nennwertes. Es handelt sich, wie schon gesagt, ganz und gar nicht um die Bewertung. Diese kommt selbständig daneben in Betracht. Zuerst ist zu fragen, mit welchem Wert — Anschaffungs- oder Kurswert, HGB. § 261 Ziff. 1. 3 — die Aktien anzusetzen sind, und von diesem Wert ist der im gegebenen Fall zulässige Bruchteil zu aktivieren.

Und noch allgemeiner. Wenn überhaupt eine Aktiengesellschaft Aktien einer anderen Gesellschaft besitzt, muß dasselbe gelten. Es kommt gar nicht darauf an, wie die Gesellschaft in den Besitz der Aktien gekommen ist, sie dürfen in dem Verhältnis nicht aktiviert werden, in welchem ihre Anzahl zu der Zahl der übrigen Aktien jener anderen Gesellschaft steht. Besitzt die Gesellschaft 25% aller Aktien jener anderen Gesellschaft, so dürfen diese aktiviert werden, aber nur mit 75% ihres Wertes. Man kann das, aber man braucht es nicht bis in den kleinsten Bruchteil hinein zu befolgen, wo dann der erforderliche Abstrich praktische Bedeutung verliert. Man könnte eine untere Grenze bestimmen und etwa vorschreiben, daß jene Art der Verbuchung nur stattfinden muß, wenn der Besitz von Aktien einer anderen Gesellschaft etwa 10% des Gesamtvorrates jener Aktien überschreitet.

Ich bin der Ansicht, daß das hier Gesagte sich aus dem Wesen der Sache und also schon nach geltendem Recht ergibt und daß es nur deshalb, man kann nicht sagen noch nicht gilt, aber noch nicht befolgt wird, weil man es nicht erkannt hat. Trotzdem müßte es bei der Neufassung des Gesetzes ausdrücklich gesagt werden.

Die Tragweite dieses Gedankens geht aber noch über den Rahmen des bisher Gesagten hinaus.

Flechtheim hat in seinem dem Wirtschaftsausschuß erstatteten Gutachten: »Die Strukturwandlungen der Wirtschaft und das Aktienrecht« die Fülle der schwierigen Rechtsfragen, welche das Konzernwesen mit sich bringt, in zwölf nach den verschiedenen Gesichtspunkten zusammengefaßten Gruppen ausführlich dargelegt. Unter Ziffer 11: »Konzernbildung und Bilanzrecht« (S. 34) lautet es nach einem kurzen Hinweis auf die besonders naheliegende Versuchung zu allerhand Scheingeschäften zwischen den verschachtelten Gesellschaften:

> »Aber auch durchaus ernste Geschäfte können praktisch zu einer Umgehung der gesetzlichen Bilanzvorschriften führen. § 261 HGB. will den Ausweis und die Verteilung eines noch nicht realisierten Gewinnes verhindern. Es wird vielfach darauf hingewiesen,

daß Gesellschaften Wertpapiere oder Ware, die im Werte gestiegen sind, kurz vor Ablauf des Geschäftsjahres verkaufen und im neuen Geschäftsjahr wieder zurückerwerben. Das gleiche Ziel läßt sich erreichen durch Verkauf an eine Tochtergesellschaft. — Der Verkauf ist ernsthaft. Es braucht auch nicht einmal ein Rückerwerb beabsichtigt zu sein. Der Kursgewinn ist realisiert und verteilungsfähig. Diese Methode mag bei Gegenständen, die täglich verkauft werden können, allenfalls noch durchgehen. Sie ist dagegen höchst bedenklich, wenn es sich um Gegenstände handelt, die zurzeit unverkäuflich oder nicht zu dem angesetzten Preise verkäuflich sind. Das Problem reicht hier aber weiter. Es sind nicht nur die Geschäfte, die vor Toresschluß zur Aufbesserung der Bilanz gemacht werden. Die Gefahr liegt überhaupt im Geschäftsverkehr zwischen Mutter- und Tochtergesellschaft. Formell besteht kein Bedenken, daß ein Industrieunternehmen eine Verkaufsgesellschaft ins Leben ruft und diese für die käuflich übernommenen Gegenstände buchmäßig belastet. Die Waren gehören dann nicht mehr der Muttergesellschaft. Aber wirtschaftlich ist der in der Spanne zwischen Selbstkosten und Verkaufspreis liegende Gewinn noch nicht realisiert. Nicht anders liegt es bei Lieferungen von Anlagegegenständen. So wenn eine Elektrizitätsgesellschaft Tochtergesellschaften zum Betriebe von Kraftzentralen usw. ins Leben ruft und diesen die Anlagen liefert. Wirtschaftlich ist auch hier der Gewinn erst realisiert, wenn das Tochterunternehmen sich als rentabel erweist und in die Lage kommt, die gelieferten Gegenstände zu bezahlen. Eine leichtfertige Praxis kann hier verhängnisvoll werden. Das zeigte der Zusammenbruch des Helios in Köln. Er hatte Jahre hindurch gute Dividende bezahlt und zwar, wie sich nachher herausstellte, aus den buchmäßigen Gewinnen seiner Lieferungen an verschiedene Tochtergesellschaften, die sich später als unrentabel und zahlungsunfähig erwiesen. Es ist damals geprüft worden, ob darin ein Verstoß gegen gesetzliche Bestimmungen zu erblicken sei, und bei allen Bedenken konnte diese Frage nicht einwandfrei bejaht werden. Tatsächlich kann man m. E. nicht generell sagen, daß Lieferungen an Tochtergesellschaften nur mit dem eigenen Anschaffungs- und Herstellungspreis einzusetzen sind. Das ginge viel zu weit, besonders bei Gesellschaften, an denen die liefernde Firma nicht allein beteiligt ist.«

Ich glaube nun, daß wir auch in diesem Punkt nicht auf der richtigen Fährte sind, und daß — wenigstens bis zu einem gewissen Grade — durch allgemeine Vorschrift Abhilfe geschaffen werden kann. Gegen Unredlichkeit und Scheingeschäft kann im wesentlichen freilich nur die Rechtsprechung durch entschlossenes Zugreifen helfen. Wenn die Muttergesellschaft kurz vor dem Bilanzstichtag Wertpapiere zum Tageskurs verkauft und sie nach dem Stichtag zurückerwirbt, so kann man nicht so schlechthin, wie Flechtheim es tut, sagen, das sei ein ernsthafter Kauf. Umgekehrt, es ist handgreifliches Scheingeschäft, es sei denn, daß die Parteien Umstände anführen können, aus denen sich eine einleuchtende andere Motivierung eines solchen Hin und Her ergäbe.

Doch das sind, wie gesagt, Fragen der Rechtsprechung. Hier gilt es zu überlegen, ob und wie die Verschachtelung gesetzlicher Sonderregelung zugängig und bedürftig ist, wobei also vorauszusetzen ist, daß es sich um einwandfreies Gebaren handelt.

Wenn eine Muttergesellschaft an ihre Tochtergesellschaft, deren sämtliche Aktien sie besitzt, Waren für 10 000 RM. auf Kredit liefert, so entsteht dort die Forderung, hier die Schuld von 10 000 RM. (wodurch ein Gewinn der Muttergesellschaft ausgewiesen wird, der noch nicht realisiert worden ist, vielleicht — bei Unverkäuflichkeit der Ware — nicht realisiert werden kann). Hier müssen wir wiederum den Sachverhalt beachten, daß ein und dasselbe Vermögen nicht dadurch eine Verdoppelung erfahren kann, daß es unmittelbar der Tochtergesellschaft, mittelbar aber auch der Muttergesellschaft gehört. Forderung und Schuld liegen hier in diesem einen und denselben Vermögen und gleichen sich — im Verhältnis zwischen den beiden Gesellschaften — tatsächlich gegeneinander aus. Selbstverständlich muß der Vorgang hüben und drüben verbucht werden, die Tochtergesellschaft wird mit dem Empfang der Ware belastet, die Muttergesellschaft für deren Lieferung erkannt. Namentlich für die beiderseitigen Gläubiger hat das seine volle rechtliche Bedeutung. Dagegen eignet sich die Forderung der Muttergesellschaft nicht dazu, in deren Jahresabschluß der Balancierung ihres Grundkapitals zu dienen. Denn was ihr die Fähigkeit dazu verleihen würde, liegt einzig in den der Tochtergesellschaft gehörenden Vermögensgegenständen und diese sind in dieser ihrer Funktion schon durch den ihnen obliegenden Dienst bei der Tochtergesellschaft absorbiert. Es liegt hier mit der Forderung der Muttergesellschaft gegen die Tochtergesellschaft ebenso wie mit ihrem Eigentum an deren Aktien.

Ich brauche hier die obige Fortführung des Gedankens in Anwendung auf den Geschäftsverkehr der beiden Gesellschaften nicht im einzelnen zu wiederholen. Man wird wie dort von der Aktie, ebenso hier anerkennen müssen, daß auch Forderungen einer korporativen Handelsgesellschaft gegen eine andere solche, an der sie selbst beteiligt ist, in ihrer Jahresbilanz mit demjenigen Bruchteil nicht erscheinen dürfen, der ihrer Beteiligung an jener Gesellschaft entspricht. Der Fall Helios ist mir nicht bekannt. Aber es dürfte ohne weiteres klar sein, daß dort nach dieser Methode die Bilanzen nicht aufgestellt worden sind und daß, wenn es geschehen wäre — Redlichkeit immer vorausgesetzt — der Helios nicht imstande gewesen wäre, jahrelang die guten Dividenden auszuweisen und zu zahlen.

Wenn es zur Bezahlung der ausstehenden Schuld an die Muttergesellschaft kommt, dann steht der Aktivierung des bezahlten Betrages — um mich kurz so auszudrücken — nichts mehr im Wege, denn dann ist bei der Muttergesellschaft der Gewinn, den das Geschäft bringen sollte, realisiert, und der etwaige Verlust trifft die Tochtergesellschaft.

Auch hier ist wohl zu beachten, daß es sich nicht um die Frage der Bewertung handelt. Flechtheim sagt a. a. O.:

> »Tatsächlich kann man m. E. nicht generell sagen, daß Lieferungen an Tochtergesellschaften nur mit dem eigenen Anschaffungs- oder Herstellungspreis anzusetzen sind. Eine andere Frage ist es aber, ob nicht gegebenenfalls eine solche Forderung mit Rücksicht auf die Finanzlage dieser Gesellschaft als zweifelhaft anzusehen und deshalb nicht mit ihrem vollen Nennwert anzusetzen ist.«

Diese Bewertungsfrage tritt da, wo überhaupt noch Raum für sie ist, nämlich dann, wenn die Muttergesellschaft nicht alle Aktien der Tochtergesellschaft besitzt, zu dieser Quotierung hinzu. Ist die Muttergesellschaft nur mit 50% an der Tochtergesellschaft beteiligt, und sind deren Verbindlichkeiten nicht vollwertig, sind sie nach Schätzung z. B. nur 80% ihres Betrages wert, so darf die Muttergesellschaft die bilanzfähige Hälfte der Tochtergesellschaft nicht mit 50% des Nennwerts, sondern nur mit 40% aktivieren.

Muß bei der Bilanzaufstellung so verfahren werden, dann wird zugleich dem Verlangen genügt, daß die Bilanz über den Stand der schwebenden Rechtsverhältnisse zwischen Mutter- und Tochtergesellschaft Aufschluß gibt.

Durch die Einsicht in den Sachverhalt wird man auch der heiklen Aufgabe überhoben, die Begriffe Mutter- und Tochtergesellschaft zu verwenden und also zu definieren. Das Gesagte gilt immer, wo sich Aktiengesellschaften als Gläubiger und Schuldner gegenüberstehen und eine von ihnen oder beide Aktien der anderen besitzen. Aber auch hier wäre es unzweckmäßig und unnötig, das bis in das kleinste durchzuführen. Hierzu müßte, während das Gesagte kraft des inneren Rechtszusammenhanges gilt, die positive Gesetzgebung eingreifen, um zu bestimmen, daß es nicht gelten soll, wenn dieser Aktienbesitz weniger als etwa $^1/_4$ oder $^1/_5$ oder $^1/_{10}$ des gesamten Grundkapitals beträgt.

Im Vorstehenden ist immer vorausgesetzt, daß zwischen Mutter- und Tochtergesellschaft alles ehrlich und reinlich zugeht. Aber das tut es nicht immer. Es muß nicht gerade Betrug sein. Ungerechtigkeit, Unbilligkeit, Eigennutz machen sich aus Übervorteilungen vorsichtigerer Art kein Gewissen und die Verschachtelung — namentlich wenn sie nicht bei der ersten und einfachsten Form stehenbleibt — breitet vor dem sachlichen Zusammenhang der Vermögensvorgänge einen juristischen Schleier, hinter dem sich solche Dinge unvermerkt und unfaßbar abspielen können. Wenn die Muttergesellschaft an die Tochtergesellschaft — oder umgekehrt — Rohstoffe, Halbfabrikate, Ware zu teuer oder zu billig liefert, wenn die eine der anderen zu billig oder zu teuer Dienste leistet, Grundstücke vermietet, so leidet von den Aktionären niemand Schaden, wenn die Muttergesellschaft sämtliche Aktien der Tochtergesellschaft besitzt. Anders aber da, wo diese restlose Identität nicht besteht und für die außenstehenden Aktionäre der Nachteil, welchen die eine Gesellschaft erleidet, nicht seinen Ausgleich in dem Vorteil der anderen Gesellschaft findet. Ein begrifflicher und notwendiger Zusammenhang zwischen diesen Dingen und der Verschachtelung besteht nicht. An sich können derartige Geschäfte auch zwischen Gesellschaften vorkommen, die gegeneinander ganz selbständig dastehen. Wenn man in diesem Fall vertrauen kann, daß das nicht geschieht, so liegt das an dem Vertrauen auf das Pflichtgefühl der Mitglieder des Vorstandes, das wiederum seine Grundlage in deren Verantwortlichkeit und Unabhängigkeit hat. Ganz unabhängig sind sie freilich nicht. Wenn auch die laufende Geschäftsführung in ihren Händen liegt, so unterstehen sie doch gelegentlichen Beschlüssen der Generalversammlung und deren allgemeiner, jährlich wiederkehrender Kontrolle. Aber es liegt in der Natur der Sache, daß auch in der Generalversammlung die Interessen der Aktionäre und die des Unternehmens gleichgerichtet sind. Wenn es also bei der Verschachtelung mit dieser Gefahr so ganz anders bestellt ist, so kann das nur daran liegen, daß hier jene Selbständigkeit der Mitglieder des Vorstandes, auf der das Vertrauen auf ihr Pflichtgefühl beruht, Abbruch erleidet. Und das beruht auf zweierlei.

Erstens ist hier der Einfluß der Generalversammlung von Grund auf anders geartet, wenn in ihr eine mehr oder weniger große Zahl von Aktionären vertreten ist, die zugleich an der anderen Gesellschaft dergestalt beteiligt sind, daß ihre dortigen Interessen ihre hiesigen überwiegen. Wie oben schon hervorgehoben, habe ich im Zusammenhang mit der Frage der Stimmrechtsaktien schon einmal den Gedanken angeregt, daß wir die Stellung der Vorstandsmitglieder gegenüber der Generalversammlung mehr befestigen sollten. Wir müßten ihr Rechtsverhältnis zur Gesellschaft wieder dem gemeinen Recht eingliedern, wonach ein Beauftragter und Angestellter seiner Stellung nur enthoben werden kann, wenn dazu ein wichtiger Grund vorliegt. Erschien mir das dort nur rätlich, so erweist es sich hier als dringend erforderlich. Es muß in Fällen des Versuchs einer Übervorteilung der in Rede stehenden Art der Vorstand in der Lage sein, auch einem Mehrheitsbeschluß der Generalversammlung mit Erfolg Widerstand entgegensetzen zu können, was nicht möglich ist, wenn die Mehrheit, die derartiges will, zugleich die Macht besitzt, den Widerstrebenden nach Willkür zu entlassen. Es ist das aber ferner auch nötig, um die weiter vorzuschlagende, noch wichtigere Maßregel wirksam zu machen.

Das zweite Moment, was den Vorstand für seine Aufgabe, die Interessen seiner Gesellschaft und nur diese wahrzunehmen, zermürbt, ist, was ich oben die Verzahnung der Verwaltungsorgane nannte, das wechselseitige Austauschen von Mitgliedern des Vorstandes und des Aufsichtsrats der mehreren Gesellschaften untereinander. Ich kann mir denken, daß, wenn man hier eingreifen will, das auf den stärksten Widerstand der beteiligten Kreise stoßen wird. Aber so wertvoll zweifellos in vieler Hinsicht, namentlich in Beziehung auf eine glatte Führung der Geschäfte in reibungsloser Zusammenarbeit eine solche Amalgamierung ist, so ist sie doch zugleich recht eigentlich die Wurzel jener Mißstände und Mißbräuche, die zu beseitigen wir unter allen Umständen die Entschlossenheit aufbringen müssen. Es muß vorgeschrieben werden, daß die Vorstandsmitglieder einer Aktiengesellschaft nicht zugleich Mitglieder des Vorstandes oder des Aufsichtsrates einer anderen Aktiengesellschaft noch auch Geschäftsführer einer Gesellschaft m. b. H. sein dürfen. Mit dem Aufsichtsrat könnte man glimpflicher verfahren. Hier genügt es, Vorsorge zu treffen, daß der Einfluß der fremden Elemente nicht zu stark wird. Man könnte es bei der Bestimmung bewenden lassen, daß im Aufsichtsrat immer nur jedes dritte oder vierte Mitglied zugleich Mitglied eines Vorstandes oder Aufsichtsrats einer andern Gesellschaft, Geschäftsführer einer Gesellschaft m. b. H. sein darf.

Daß damit der schon oft gerügten übermäßigen Häufung zahlreicher Aufsichtsratstellen in einer Person ein Hindernis bereitet würde, wäre keine unerwünschte Nebenwirkung.

Das ist, was ich zur gesetzlichen Regelung der Verschachtelung korporativer Handelsgesellschaften vorzuschlagen wüßte. Blicke ich von hier auf die Vorschläge des Entwurfs zurück (oben S. 29 f.), so ist von meinem Standpunkt aus nichts dagegen einzuwenden, daß eine Tochtergesellschaft Aktien der Muttergesellschaft übernimmt oder sonstwie erwirbt. Soll es aber der Tochtergesellschaft verboten sein, so muß doch wohl von der Muttergesellschaft entsprechend dasselbe gelten. Daß die gegenseitigen Forderungen und Verbindlichkeiten in der Bilanz erkenntlich gemacht werden, ergibt sich bei meiner Auffassung, auch wenn es im Gesetz nicht ausdrücklich bestimmt wird. Die Bestimmungen endlich über den Geschäftsbericht und die Auskunftpflicht (§ 110 Abs. 3, § 86 Abs. 1) sind so allgemein gehalten, daß es eines besonderen Hinweises auf die irgendwie zu definierende Tochtergesellschaft nicht bedarf.

Gewiß werden auch durch das, was ich vorschlage, bei weitem nicht alle durch die Verschachtelung geweckten Schwierigkeiten gelöst. Immerhin ist es, wenn es richtig ist, von großer Wichtigkeit. Es würde, wenn es Zustimmung und allgemeine Annahme finden sollte, zur Reinlichkeit der mächtigen, unser Wirtschaftsleben durchflutenden Konzernbewegung ganz wesentlich beitragen.

Zum Schluß soll noch auf eine Frage eingegangen werden, welche ebenfalls im Schnittpunkt Konzern-Verschachtelung liegt. Wenn die Mehrheit der Aktionäre einer Tochtergesellschaft — im Gegensatz zur Minderheit — zugleich an der Muttergesellschaft oder allgemeiner am Konzern beteiligt ist, besteht die eben schon besprochene Gefahr, daß die Generalversammlung Beschlüsse faßt, welche ihrem Unternehmen schaden müssen, für welchen aber jene Mehrheit Ersatz oder mehr als das durch den Vorteil findet, den die Muttergesellschaft oder der Konzern dadurch erzielt. Man findet von sehr berufener Seite die Ansicht vertreten, daß unter Umständen die Minderheit sich damit abfinden müsse, daß das höhere Interesse des Konzerns dem Interesse des Einzelunternehmens vorgehe. Hinein spielt der verschwommene Gedanke, daß ein gewisser Gegensatz bestehe zwischen dem Interesse des Unternehmens und dem der Aktionäre, also zwischen dem Unternehmen und seinem Unternehmer. Namentlich wird in Beziehung auf die ganz großen Unternehmungen der Gedanke ausgesponnen, daß bei ihnen die allgemeinen volkswirtschaftlichen und wirtschaftspolitischen Interessen mitsprechen und die Rechte der Aktionäre modifizieren, als wenn alles das, was daran zweifellos richtig ist, nicht von dem Unternehmen oder dem Großunternehmen des Einzelkaufmannes ganz ebenso gelte, wie wenn der Unternehmer eine Aktiengesellschaft ist. Mit der Aktiengesellschaft als solcher, dem Rechtsverhältnis der Aktionäre untereinander und zur Gesellschaft, mit der Regelung des Aktienrechts und mit seiner Anwendung hat das nichts zu tun.

Gedanken dieser Art können an dieser Stelle nur verwirrend wirken. Es handelt sich hier durchaus nur um eine Frage des Privatrechts. Das ist auch der Standpunkt Haußmanns, der dabei aber doch jene Auffassung vertritt und der Autor ist, bei dem ich sie am ausführlichsten begründet finde. Er stellt die Frage (Die Tochtergesellschaft S. 54):

Wieweit kann in dem Fall, daß die Muttergesellschaft nur die Majorität, nicht sämtliche Anteile besitzt, aktienrechtlich die Majorität gegenüber der Minorität ihren Willen durchsetzen?

und führt dann aus:

(1.) Es ist vorerst zu prüfen, welche Vorteile die Tochtergesellschaft unter Berücksichtigung der Gesamtsituation von der Zugehörigkeit zum Konzern hat. Es kann sich herausstellen, daß ein Geschäft zwischen einer Mutter- und einer Tochtergesellschaft, isoliert betrachtet, für die letztere nachteilig erscheint, daß aber die Vorteile der Zugehörigkeit zum Konzern, unter Umständen auch in ideeller Hinsicht so groß sind, daß die Nachteile eines Einzelgeschäfts auch vom Interessenstandpunkt der Tochtergesellschaft aus betrachtet, gerechtfertigt erscheinen können.

(2.) Es ist ein nicht seltener Fall, daß eine Muttergesellschaft die

Tochtergesellschaft erst ins Leben ruft. Dabei bleibt es naturgemäß den Gründern unbenommen, der Tochtergesellschaft nur das Tätigkeitsfeld zuzuweisen, welches sie für zweckmäßig erachten. Es hieße den Tatbestand auf den Kopf stellen, wenn nachträglich die Frage aufgeworfen wird, weshalb die Gesellschaft nicht durch Aufnahme eines anderen Arbeitsgebietes mehr verdient.

(3.) Es begegnet der Fall, daß ein von einer Muttergesellschaft einer Tochtergesellschaft zugemuteter Lohnverarbeitungsvertrag gegen geringes Entgelt, ein Pachtvertrag mit einem gering erscheinenden Pachtzins die Tochtergesellschaft gegenüber der Muttergesellschaft zu schädigen scheint. Auch hier muß man die Gesamtheit aller Vorteile und Nachteile ins Auge fassen. Bei einem langfristigen Vertrag kann die Ausschaltung eines Risikos, d. h. also der Eintausch einer sicheren kleineren Gewinnmöglichkeit gegen eine zwar größere, aber unsichere Gewinnchance eine gewichtige Rolle spielen.

(4.) Der Einzelaktionär pflegt in Konfliktsfällen in der Regel nur das vorliegende einzelne Geschäft zu sehen und zu beurteilen. Die Verwaltung, welche die Kontinuität der Geschäftsführung aufrechtzuerhalten hat, kann das Einzelinteresse in der Beurteilung eines bestimmten Geschäfts hinter dem Gesamtinteresse unter Berücksichtigung der ganzen fortlaufenden Geschäftsverbindung oder Gemeinsamkeit der Interessen in erster Linie ins Auge fassen.

(5.) Hält man sich diese Gesichtspunkte vor Augen, so wird in der praktischen Handhabung der Geschäftspolitik im Verhältnis zwischen Mutter- und Tochtergesellschaft von einem »Egoismus« der Mehrheit zum Nachteile einer Minderheit, welcher gegen die guten Sitten verstoßen könnte, in derartigen Fällen nicht die Rede sein können.

(6.) Es ist eine unvermeidliche Begleiterscheinung und Folge der Konzernbildung und des modernen Effektenkapitalismus, daß das Interesse des Einzelaktionärs in Konfliktsfällen hinter dem Interesse der Mehrheit oder besser gesagt, hinter dem Interesse einer weiter ausblickenden, die Interessen der Untergesellschaft unter anderen Gesichtspunkten berücksichtigenden Mehrheit zurücktreten muß. Das Korrelat zu dieser Entwicklung ist, daß auch der Aktionär als einzelner immer weniger an einer bestimmten Gesellschaft beteiligt erscheint und sich beteiligt fühlt, sich vielmehr normalerweise als Inhaber eines bestimmten Vermögenswertes, einer reinen Kapitalsanlage betrachtet. Unter diesen Umständen verschiebt sich naturgemäß der Schwerpunkt des Schutzes des Einzelaktionärs aus der Generalversammlung zum Teil in die . . . Zulassungsstellen!

Ich habe diese Stelle hier ausführlicher wiedergegeben, um vor Augen zu führen, daß in der Antwort von etwas anderem die Rede ist, als wonach gefragt war. Erst in den beiden letzten Absätzen, wo die Summe gezogen wird, kommt der Verfasser auf die Frage zurück. In dieser handelt es sich um Beschlüsse der Generalversammlung. Es sind lauter Dinge der Geschäftsführung, von denen in den voraufgehenden Absätzen der Antwort gesprochen wird, und die liegt in der Hand des Vorstandes. Die Aktionäre werden dabei — wenigstens zunächst — gar nicht gefragt. Allenfalls bei der Entlastung kommt es zur Aussprache und zu ihrer Entscheidung und da ist klar, daß der Vorstand nicht verantwortlich gemacht werden kann wegen eines Geschäfts, dessen Nachteile aufgewogen werden durch die Vorteile, welche es zugleich für das Unternehmen selbst mit sich bringt. Nur müssen freilich Vorteil und Nachteil so beschaffen sein, daß sie auf einen gleichen Nenner gebracht werden können (Abs. 1). Es ist auch klar, daß dem Vorstand daraus kein Vorwurf gemacht werden kann, daß er sich bei der Geschäftsführung im Rahmen des statutenmäßigen Zwecks der Gesellschaft hält (Abs. 2), daß ihn kein Vorwurf trifft, wenn es verständig war, statt eines kurzfristigen Vertrages einen langfristigen, wenn auch gegen geringeres Entgelt zu schließen (Abs. 3), oder wenn er das Geschäft unter Berücksichtigung der ganzen fortlaufenden Geschäftsverbindung oder Gemeinsamkeit der Interessen mit Recht abschließen konnte (Abs. 4).

Präziser behandelt der Verfasser die Frage in seiner Grundlegung des Rechts der Unternehmenszusammenfassungen S. 152 f. Dort spricht er von dem Problem des Verhältnisses einer Konzernmajorität zu einer Minderheitsbeteiligung an einer Gesellschaft. Wie weit in der Aktiengesellschaft usw. die Rechte der Mehrheit gegenüber der Minderheit gingen, sei von jeher eine der bestrittensten Fragen des Gesellschaftsrechts gewesen und die Entscheidung von Grenzfällen sei stets unter dem Gesichtspunkt der guten Sitten gefällt worden:

> Die Tendenz der Unternehmungszusammenfassungen zu größeren komplexen Gebilden hat diesem Problem einen ganz neuartigen Inhalt gegeben. Es handelt sich in der rechtlichen Abwägung der Interessen nicht allein mehr darum, wie weit etwa aktienrechtlich vom Standpunkt des betreffenden Unternehmens aus eine Aktienmajorität ihre Ansicht gegenüber einer Minorität durch-

setzen kann, sondern darum, inwieweit ein Unternehmen, welches Glied einer anderen Unternehmenszusammenfassung ist, etwa von einem Konzern beherrscht wird oder einer Interessengemeinschaft angehört, gegenüber einer Minderheit von außenstehenden Aktionären den wirtschaftlich besonders gerichteten Zielen der Zentralgewalt des Konzerns oder der Interessengemeinschaft dienstbar gemacht werden darf. Dieses Problem ist nicht lediglich mit der naheliegenden Erwägung abzutun, daß in jedem Unternehmen nur die eigenen Zwecke dieses Unternehmens selbst Berücksichtigung finden dürfen. Die Richtung eines Unternehmens für sich betrachtet läßt sich, wenn dasselbe Glied eines großen Ganzen ist, ohne die Zwecke des Ganzen vielfach nicht mehr feststellen. Ist beispielsweise das Unternehmen einer G. m. b. H., die früher unabhängig eine Fabrikation betrieb, durch eine Unternehmenszusammenfassung, etwa die Eingliederung in einen Fabrikationskonzern, zum Bestandteil eines einheitlichen Fabrikationsprozesses geworden, in den sich verschiedene äußerlich selbständige Unternehmungen teilen, so kann unter Umständen der Zweck dieses Fabrikationsbetriebes und damit der Zweck der G. m. b. H. als solcher gar nicht mehr unabhängig von dem Zweck des Ganzen betrachtet werden. Ohne äußere Vorgänge hat sich das Unternehmen seiner wirtschaftlichen Betätigung nach in einen Teil eines größeren wirtschaftlichen Ganzen verwandelt, und der Minderheitsbeteiligte muß sich damit abfinden, daß der Zweck des Ganzen dem Zweck des Teilbetriebes vorgehen muß, oder zum mindesten einen maßgeblichen Einfluß gewinnt. Eine derartige inhaltliche Änderung der Betätigung des Unternehmens kann somit dem Begriff der guten Sitten im Verhältnis zwischen Majoritäts- und Minoritätsbeteiligten eine gänzlich andere Richtung geben.

Auch hiergegen ist zu sagen, daß das Beispiel des Verfassers — und in dem Beispiel erschöpft sich die Beweisführung — nicht bis zu dem Punkt gelangt, auf den es ankommt. Wenn eine solche Umwandlung des Betriebes in einwandfreier Weise zustandegekommen ist, dann muß sich auch die Minderheit darein finden. Die Frage ist, wie es sich mit der Rechtslage der Minderheit verhält, wenn an diesem so gegebenen Sachverhalt eine Änderung des Zustandes zum Nachteil des Unternehmens im Interesse des Ganzen, des Konzerns, beschlossen wird.

Übrigens ist die Auffassung der Gegner für ihren eigenen Standpunkt nicht ungefährlich. Man darf nicht immer nur nach oben sehen. Wenn die Deutsche Bank und die Discontogesellschaft sich zusammentun, so hat das gewiß große Vorteile zur Folge. Die sieht man nicht. Wohl aber hört man, daß etwa 2000 Angestellte infolgedessen entlassen werden konnten. Dadurch, daß Stollwerck und Reichardt sich einigten, wird schwerlich die Schokolade billiger werden. Wenn aber die Wandsbeker Fabrik ihren Betrieb einstellen sollte, werden 500 Arbeitnehmer erwerbslos werden. Sollen überhaupt Interessen, die außerhalb des Unternehmens liegen, mitzusprechen haben, warum denn nicht auch diese?

Die Wahrheit ist, daß der Jurist und namentlich der Richter weder nach oben noch nach unten zu sehen hat, sondern immer nur geradeaus. Es besteht nicht der geringste Grund, die Gesellschaft zu hindern, im Interesse des Konzerns Opfer zu bringen. Das kann auch durch Mehrheitsbeschluß der Aktionäre einwandfrei geschehen. Die Frage ist nur, ob die Minderheit sich hierauf auch dann einlassen muß, wenn die Dinge so liegen, daß es ausschließlich auf ihre Kosten geschehen würde. Man braucht die Frage nur zu stellen und man hat auch schon die Antwort.

FSC
www.fsc.org
MIX
Papier | Fördert
gute Waldnutzung
FSC® C083411

Kolibri 360 GmbH
Ferdinand-Jühlke-Straße 7
99095 Erfurt, Deutschland
produktsicherheit@kolibri360.de